四川省"十四五"职业教育省级规划立项教材
职业教育国家在线精品课程《会计基础》配套教材

会计基础实训

主编 党 爱 谢芬芬

中国财经出版传媒集团

经济科学出版社
Economic Science Press
·北京·

图书在版编目（CIP）数据

会计基础实训／党爱，谢芬芬主编． -- 北京：经济科学出版社，2025.8． --（四川省"十四五"职业教育省级规划立项教材）（职业教育国家在线精品课程《会计基础》配套教材）． -- ISBN 978 - 7 - 5218 - 7114 - 2

Ⅰ．F230

中国国家版本馆 CIP 数据核字第 2025VR8898 号

责任编辑：白留杰　凌　敏
责任校对：易　超
责任印制：张佳裕

会计基础实训

KUAIJI JICHU SHIXUN

主编　党　爱　谢芬芬

经济科学出版社出版、发行　新华书店经销
社址：北京市海淀区阜成路甲 28 号　邮编：100142
教材分社电话：010 - 88191309　发行部电话：010 - 88191522
网址：www.esp.com.cn
电子邮箱：bailiujie518@126.com
天猫网店：经济科学出版社旗舰店
网址：http://jjkxcbs.tmall.com
北京季蜂印刷有限公司印装
787 × 1092　16 开　10.5 印张　225000 字
2025 年 8 月第 1 版　2025 年 8 月第 1 次印刷
ISBN 978 - 7 - 5218 - 7114 - 2　定价：42.00 元
(图书出现印装问题，本社负责调换。电话：010 - 88191545)
(版权所有　侵权必究　打击盗版　举报热线：010 - 88191661
QQ：2242791300　营销中心电话：010 - 88191537
电子邮箱：dbts@esp.com.cn）

前言

会计，作为商业世界不可或缺的通用语言，其生命力既源于深邃的理论基石，更在于鲜活的实践应用。当信息技术浪潮奔涌不息，重塑着会计行业的形态与边界，我们愈发认识到：扎实的实践技能，是会计人将理论知识转化为职业能力、应对时代变革的坚实桥梁。《会计基础实训》正是与《会计基础》紧密相连的实践之翼，旨在引导学生跨越理论与实务的鸿沟，于真操实练中锤炼真本领。

本教材是四川省"十四五"职业教育省级规划立项教材，是财经类专业基础课程教材，与四川财经职业学院职业教育国家在线精品课程《会计基础》高度融合，构建了立体化的教学资源库，为教师教学和学生学习提供全方位资源支持，可供高等职业院校、中高职贯通以及五年一贯制培养学校使用。为编好本教材，我们在多家企业进行现场考察和素材收集，提炼出典型经济业务及其对应的原始单据和业务流程，绘制成高度仿真性和操作性的会计凭证、会计账页及各种核算用表格，最后形成一本新内容、全流程、立体化的实训教材。具有以下三个"新"：

一是"体系新"。教材遵循会计核算基本流程，先设计了独立的会计基本技能实训、会计凭证实训、会计账簿实训、财产清查实训和会计报表实训共计五个单项实训，供课程学习中配套使用。在课程内容结束之后，设计了一个能涵盖典型经济业务，要求进行全流程操作的课程综合实训，便于学生全面掌握会计核算基本流程。

二是"内容新"。教材遵循最新的会计核算和税法要求，采用最新的票据格式，将这些要求和规定通过原始单据和表格体现出来，便于学生把握会计最新实践。

三是"资源新"。教材遵循"做中学，学中做"的要求，提供了整套会计操作指导视频，只需要扫描教材中的二维码即可在移动终端上观看，将抽象的实训操作讲解影像化，便于学生高效掌握会计操作规范。

本教材由四川路桥建设集团股份有限公司财务部部长冯静担任主审，四川财经职业学院党爱副教授和谢芬芬讲师担任主编。项目一由四川财经职业学院何双利编写，项目二由四川财经职业学院兰寒和王薇编写，项目三由四川财经职业学院王薇编写，项目四由四川财经职业学院党爱编写，项目五由四川财经职业学院谢芬芬编写，项目六由四川财经职业学院李团团和袁敏编写。

在编写过程中，得到经济科学出版社领导大力支持和指导，提出了许多宝贵的意见和建议，在此表示真诚的感谢。

由于时间仓促和编者水平有限，书中难免存在错误和疏漏之处，我们期待读者批评指正，以便我们不断修改和完善。

编者
2025 年 5 月

目录

项目一　会计基本技能实训 ·· 1

项目二　会计凭证实训 ·· 24

　　任务1　识别原始凭证 ·· 24

　　任务2　填制原始凭证 ·· 56

　　任务3　编制记账凭证 ·· 58

项目三　会计账簿实训 ·· 72

　　任务1　启用与登记会计账簿 ··· 72

　　任务2　结账实训 ··· 81

项目四　财产清查实训 ·· 87

项目五　会计报表实训 ·· 91

项目六　课程综合实训 ·· 110

项目一　会计基本技能实训

一、实训目的

会计基本技能实训主要通过强化数字化时代财经从业人员必备的基础技能矩阵，培育严谨规范的职业操作范式与精益求精的工匠精神，传承中华优秀财经文化精髓，增强文化自信与职业认同，培养学生标准化数字表述与快速运算基础能力，以及传统技能与现代技能融合创新的发展能力。

二、实训内容

1. 数字化规范书写训练。涉及通用阿拉伯数字的标准化书写方法、中文大写金额的运用规则以及财务票据填制的合规性要求。
2. 现金管理技术训练。包括点钞技术系统的系统训练以及货币真伪鉴别技术。
3. 计算文化传承。涵盖传票数据处理技术、珠算文化遗产的价值解读以及心算能力的开发与思维训练。

三、实训要求

1. "21 天打卡训练"。每日完成既定的技能训练任务，并通过网络平台提交实训成果（包括书写照片、视频等形式）。
2. 实训建议。

技能维度	实训标准	素养要求
数字书写	通过进行 10 分钟的定时训练，可以基本满足书写规范和要求；字体方面，每个字的宽窄、高低、大小、倾斜度应保持基本一致。字的大小应控制在约占分位格的 1/3，且不超过 2/3。字型的倾斜度应在 45 度至 60 度之间。字位必须位于格子的中心位置，字应落在底线上，但不得触及底线（6、7、9 除外）	树立标准化的操作意识，将流程化的工作习惯融入日常，以有益于职业精神的逻辑思维和耐心专注的职业态度，培养文化自信，并探索传统技艺在现代的应用场景
货币鉴别	能够精确识别假币，并掌握人民币的防伪特征	
计算技术	在规定时间限制内完成心算题目，兼顾速度与精确度	

续表

技能维度	实训标准	素养要求
珠算文化	掌握珠算的历史背景及其作为非物质文化遗产的价值，能够概述其在中国财经发展进程中的作用，并尝试将珠算技能与心算、数字工具相结合，以解决实际问题，如快速进行验算	树立标准化的操作意识，将流程化的工作习惯融入日常，以有益于职业精神的逻辑思维和耐心专注的职业态度，培养文化自信，并探索传统技艺在现代的应用场景

3. 时间管理。每日实训时间不少于 15 分钟，建议固定时段，以养成职业习惯。

四、实训评价

评价维度	评价方法	权重（%）
技能掌握度	线上学习平台提交结果	60
文化理解度	书面报告提交结果	20
职业素养	行为评估 + 习惯养成	20

21 天打卡训练—第 1 天

一、在下列分位格中按顺序写出小写数码字（要求：写一排空一排）

二、在下列方格中按顺序写出大写数字和数位

壹	贰	叁	肆	伍	陆	柒	捌	玖	零

亿	万	仟	佰	拾	元	角	分

21 天打卡训练—第 2 天

一、在下列分位格中按顺序写出小写数码字（要求：写一排空一排）

二、在下列方格中按顺序写出大写数字和数位

壹	贰	叁	肆	伍	陆	柒	捌	玖	零

亿	万	仟	佰	拾	元	角	分

21 天打卡训练—第 3 天

一、在下列分位格中按顺序写出小写数码字（要求：写一排空一排）

1234567890 1234567890 1234567890 1234567890

二、在下列方格中按顺序写出大写数字和数位

壹	贰	叁	肆	伍	陆	柒	捌	玖	零

亿	万	仟	佰	拾	元	角	分

21天打卡训练—第4天

一、在下列分位格中按顺序写出小写数码字（要求：写一排空一排）

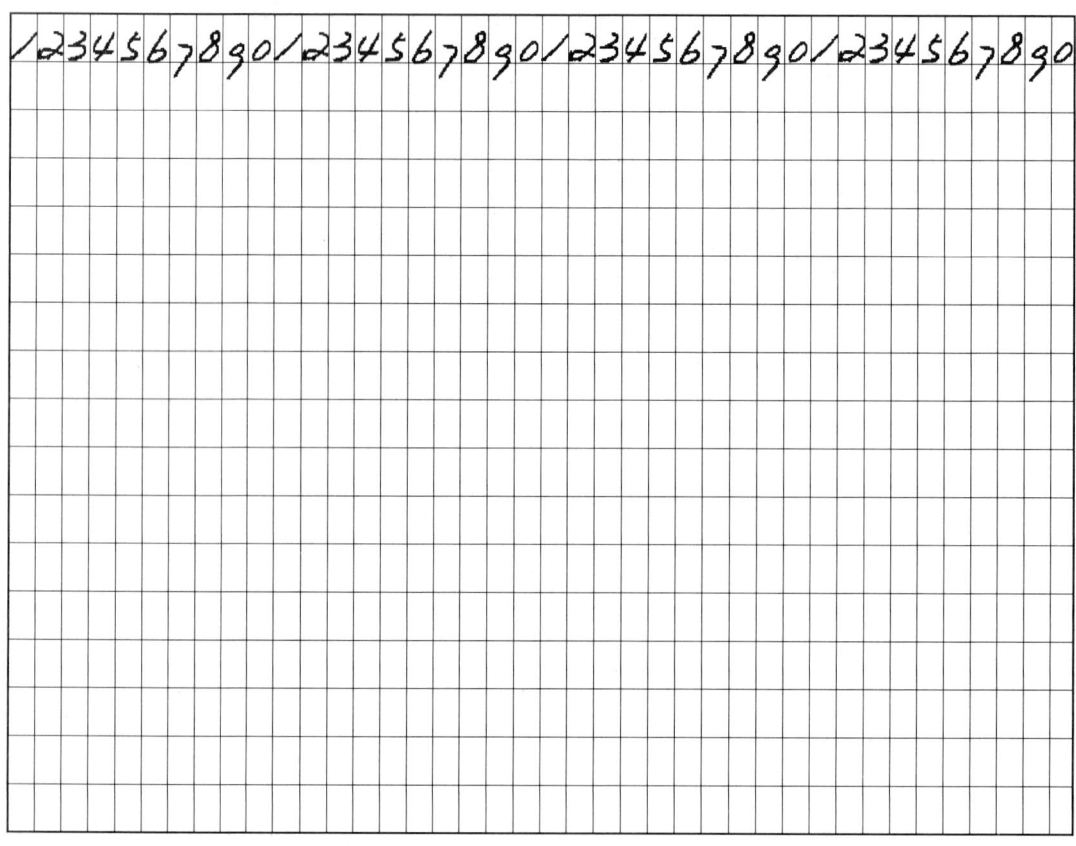

二、写出下列各小写金额的大写金额

1. ￥6 459.38

写作：_____

2. ￥100 450.08

写作：_____

3. ￥3 004 001.07

写作：_____

4. ￥16 056.21

写作：_____

5. ￥150 600.40

写作：_____

21天打卡训练—第5天

一、在下列分位格中按顺序写出小写数码字（要求：写一排空一排）

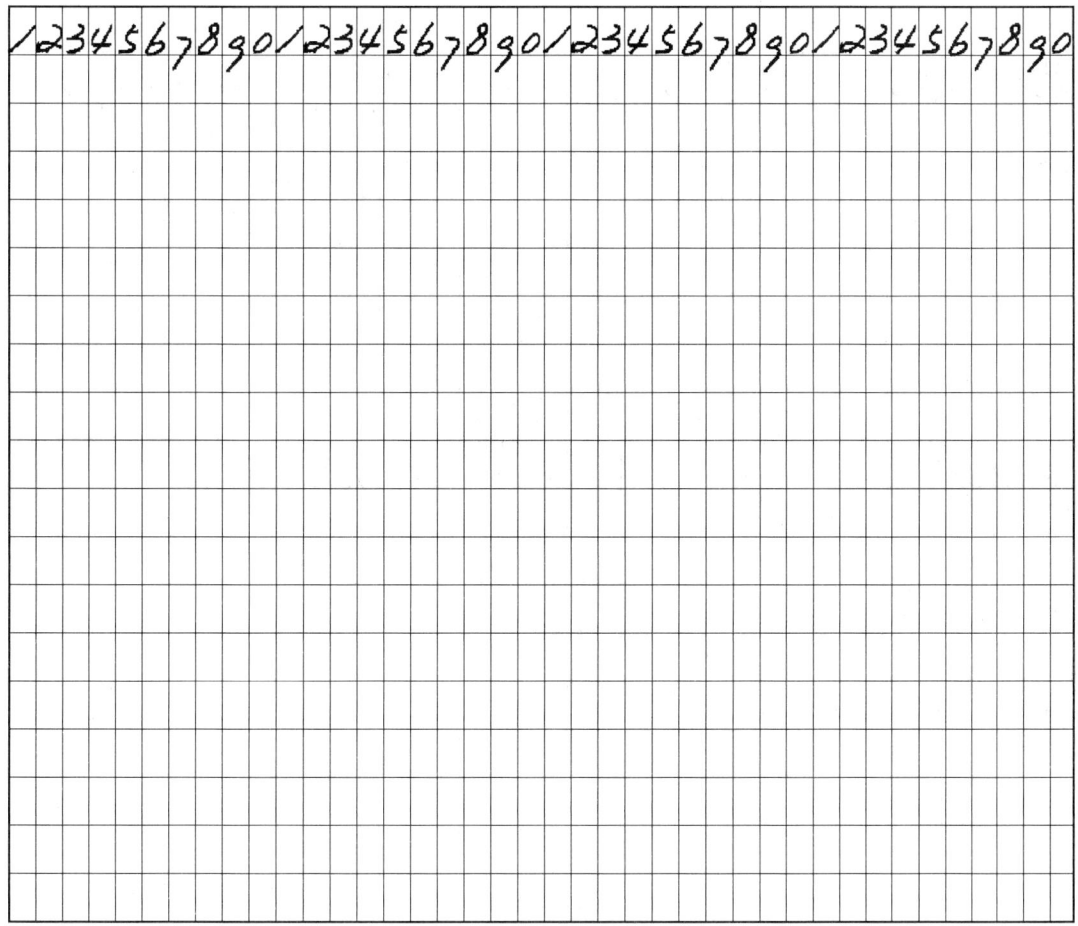

二、单选题（请在四个选项中选出一个正确答案）

1. 金额"¥1 008.00"的大写形式应为（   ）。
   A. 人民币壹仟零捌元整
   B. 人民币壹仟零捌元
   C. 人民币壹仟零零捌元整
   D. 人民币：壹仟捌元整

2. 金额小写"¥12 345.67"对应的大写应为（   ）。
   A. 人民币：壹万贰仟叁佰肆拾伍元陆角柒分
   B. 人民币壹万贰仟叁佰肆拾伍元陆角柒分整
   C. 人民币壹万贰仟叁佰肆拾伍元陆角柒分
   D. 人民币壹万贰仟叁佰肆拾伍元陆角柒分正

21 天打卡训练—第 6 天

一、在下列分位格中按顺序写出小写数码字（要求：写一排空一排）

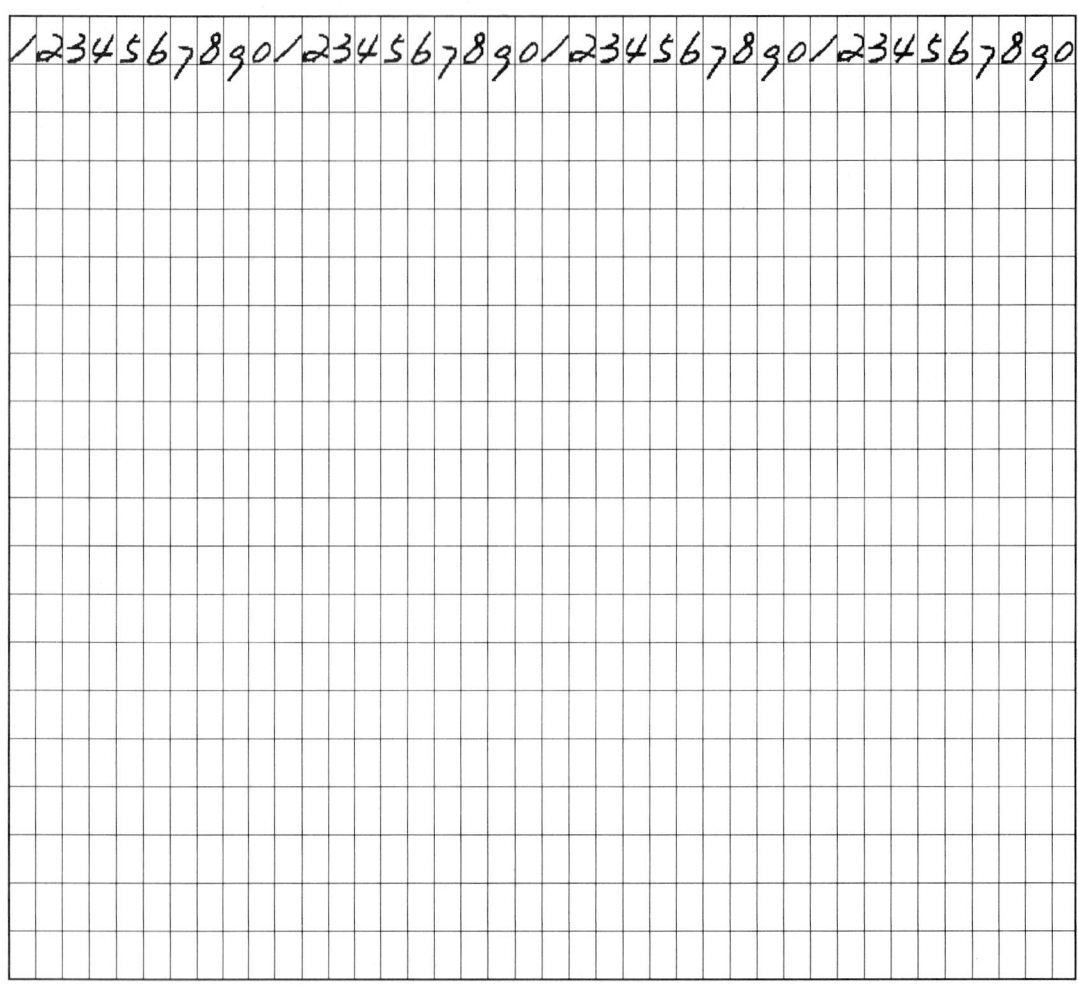

二、请写出下列大写金额的正确小写金额

1. 人民币叁拾伍万元整
   写作：_____
2. 人民币陆拾壹万捌仟贰佰玖拾捌元零伍分
   写作：_____
3. 人民币伍佰叁拾万元零壹分
   写作：_____

21 天打卡训练—第 7 天

一、在下列分位格中按顺序写出小写数码字（要求：写一排空一排）

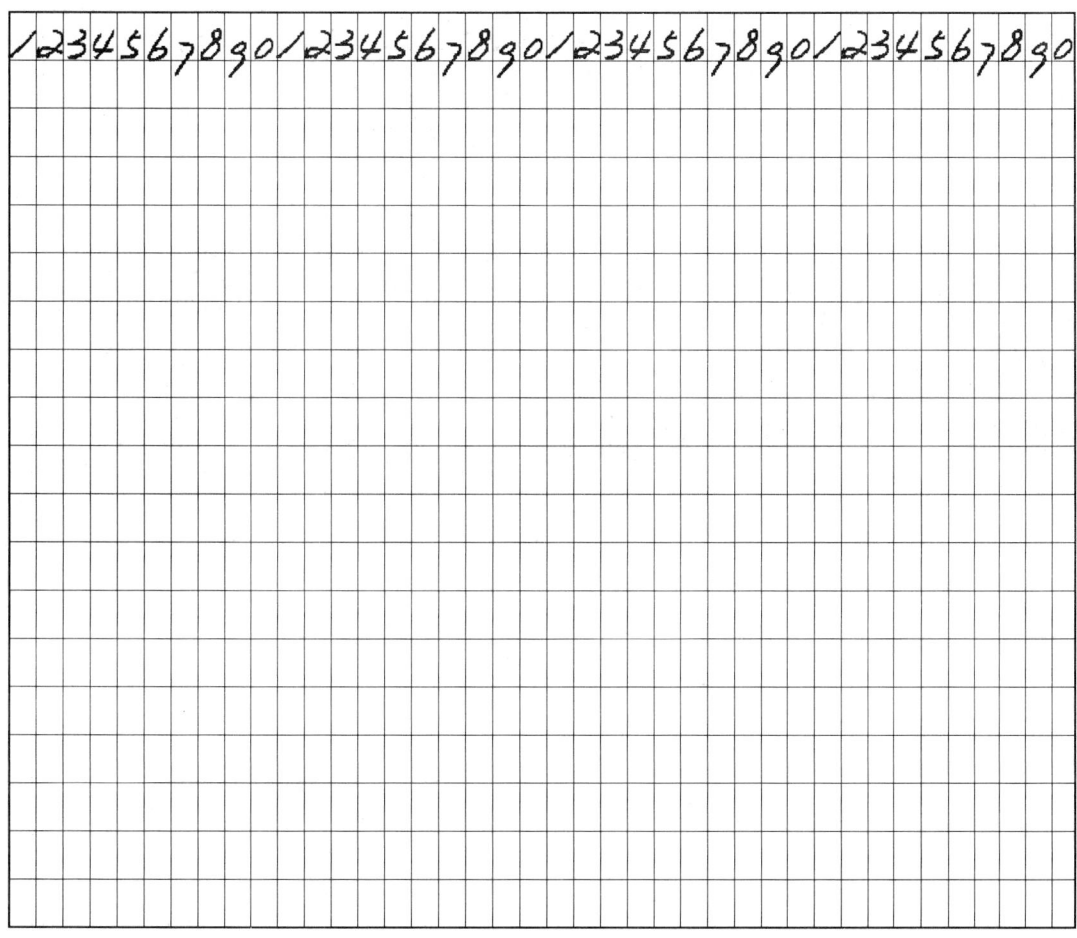

二、请写出下列小写金额的正确大写金额

1. ¥82 904.06

   写作：_____

2. ¥105 841.30

   写作：_____

3. ¥9 510 007.13

   写作：_____

4. ¥701 200.01

   写作：_____

21 天打卡训练—第 8 天

一、在下列分位格中按顺序写出小写数码字（要求：写一排空一排）

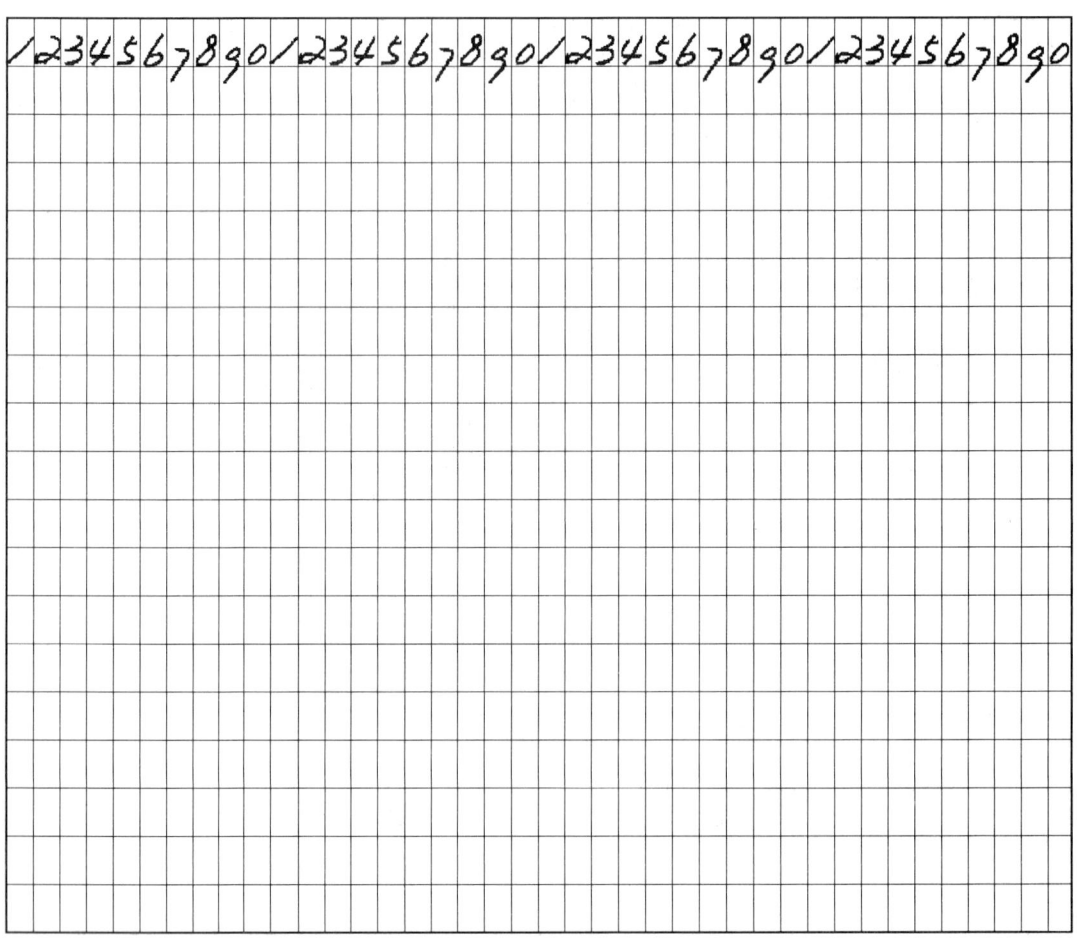

二、单选题（请在四个选项中选出一个正确答案）

1. 以下哪项是鉴别假币的常用方法（　　）。
   A. 检查纸张　　　　　　　　B. 观察是否有缩微文字
   C. 用验钞机验钞功能　　　　D. 以上都是

2. 第五套人民币 50 元纸币的背面主景图案是（　　）。
   A. 布达拉宫　　　　　　　　B. 桂林山水
   C. 泰山　　　　　　　　　　D. 长江三峡

3. 第五套人民币 10 元纸币的正面右侧有一条光变油墨面额数字，颜色为（　　）。
   A. 绿色　　　B. 金色　　　C. 蓝色　　　D. 红色

21 天打卡训练—第 9 天

一、在下列分位格中按顺序写出小写数码字（要求：写一排空一排）

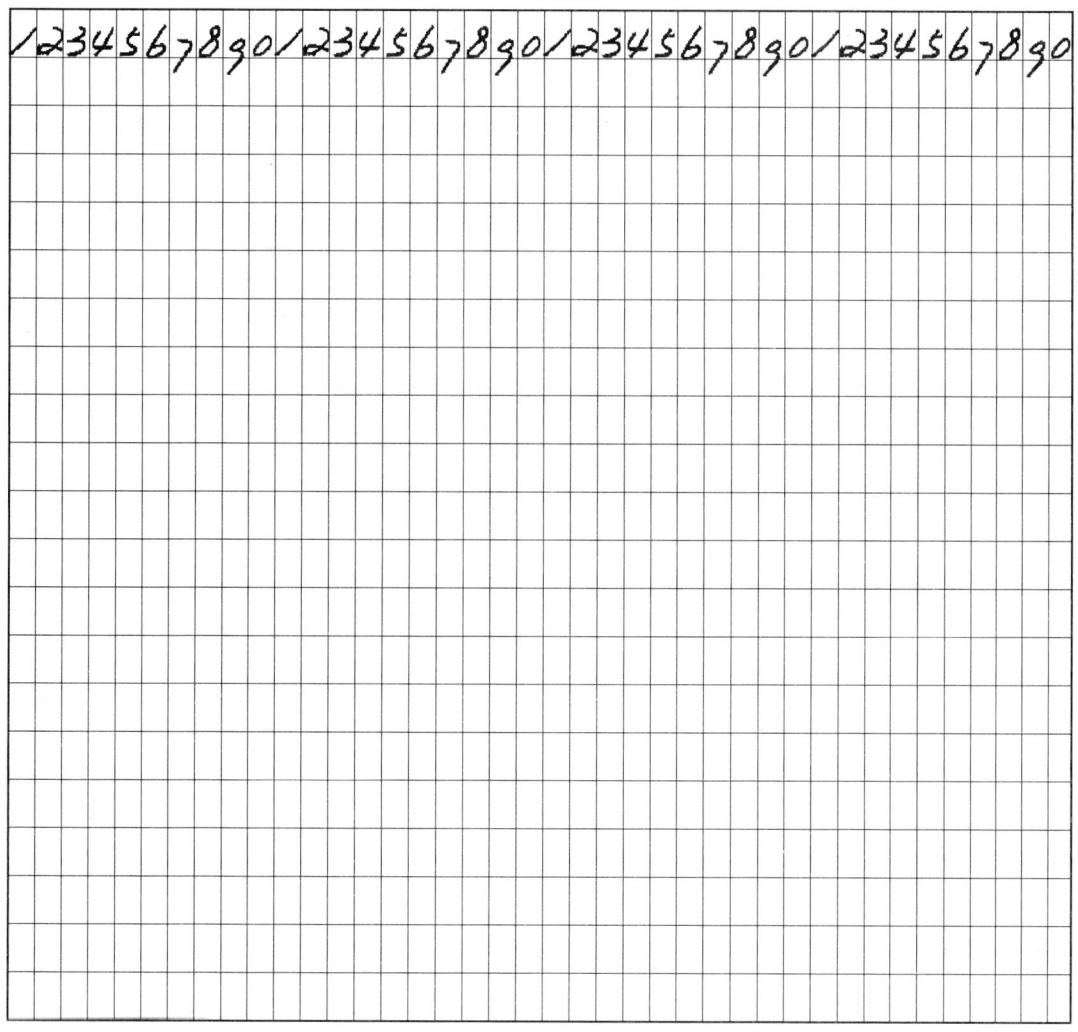

二、单选题（请在四个选项中选出一个正确答案）

1. 真币的安全线通常具有的特征是（　　）。
   A. 是印刷上去的　　　　　　B. 是嵌入纸张中的金属线
   C. 只有在紫外线下才能看到　D. 没有安全线

2. 下列各项中，属于鉴别真假币时常用的工具是（　　）。
   A. 紫外线灯　　B. 放大镜　　C. 磁性检测仪　　D. 以上都是

21天打卡训练—第10天

一、在下列分位格中按顺序写出小写数码字（要求：写一排空一排）

二、请心算出下列各题（3分钟）

1. 201 + 105 + 1 005 =
2. 125 + 3 025 − 1 005 =
3. 3 014.12 + 1 005 + 95 =
4. 2 018 + 102 + 10 000 =
5. 365 + 8 041 + 10 456 =
6. 20 157 + 10 236 + 3 042 =

21 天打卡训练—第 11 天

一、在下列分位格中按顺序写出小写数码字（要求：写一排空一排）

1234567890 1234567890 1234567890 1234567890

二、请将计算器操作中手指分工击键区写在横线上

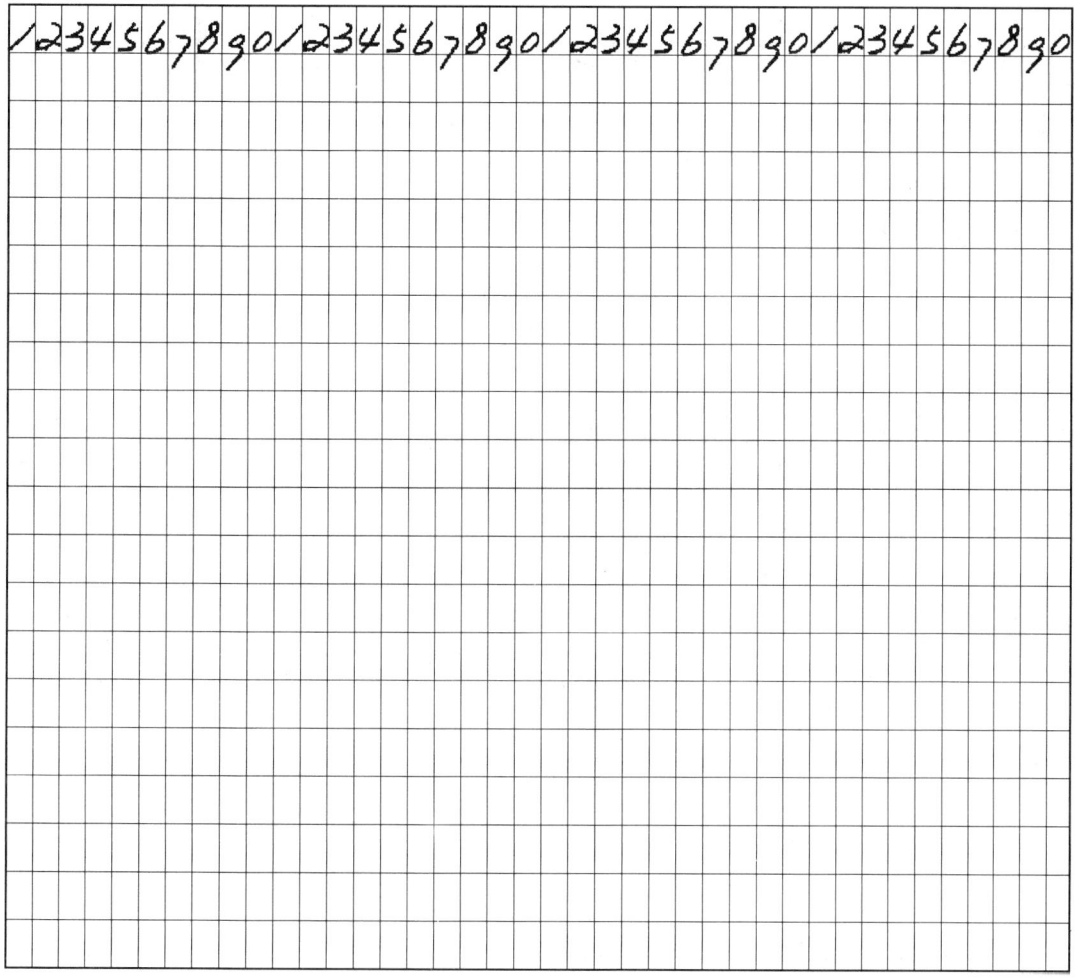

食指操作：_____ 键

中指操作：_____ 键

无名指操作：_____ 键

小指操作：_____ 键

拇指操作：_____ 键

21 天打卡训练—第 12 天

一、在下列分位格中按顺序写出小写数码字（要求：写一排空一排）

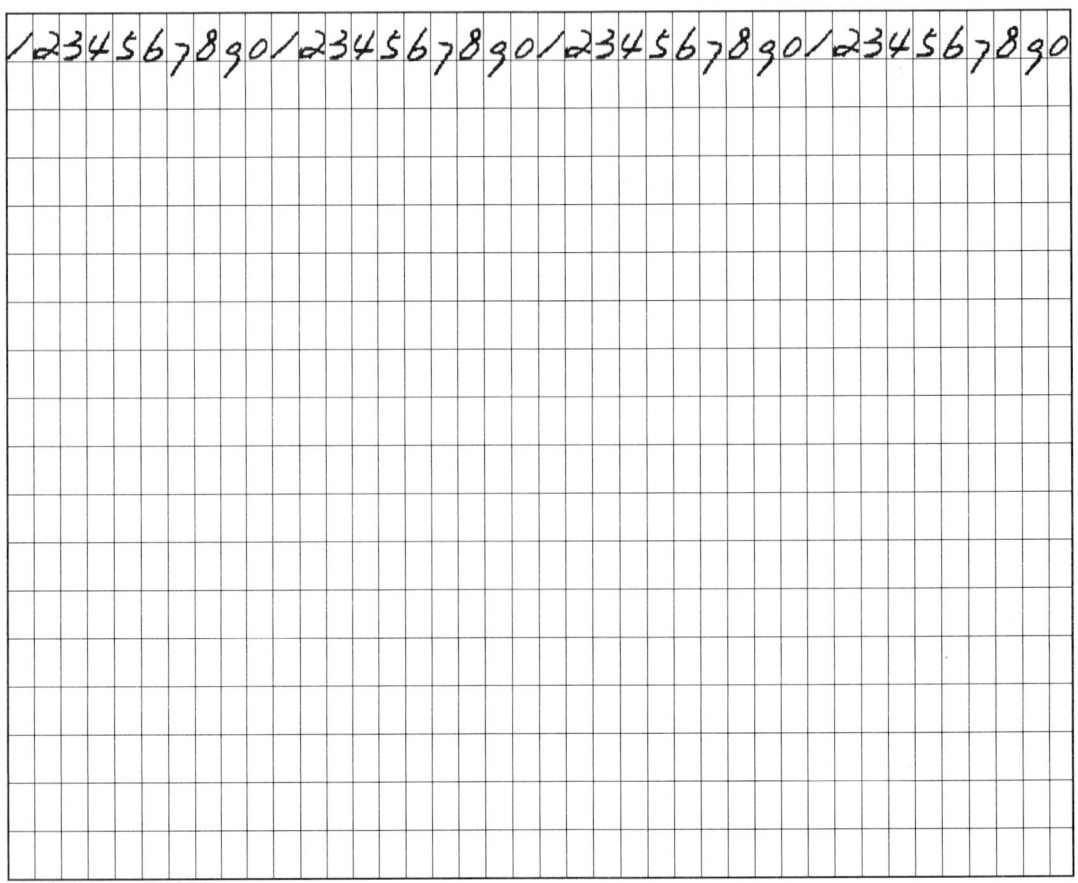

二、计算（利用计算器计算下列各题答案，结果保留两位小数）

1. 1 586.23 + 506 789.25 + 91 562 745.81 + 1 234.56 + 98 765.43 + 456 789.12 + 3 456 789.01 + 87 654.32 + 234 567.89 + 654 321.09 =

2. 2 345.67 + 678 901.23 + 12 345 678.90 + 4 567.89 + 78 901.23 + 567 890.12 + 2 345 678.01 + 89 012.34 + 345 678.90 + 765 432.10 =

3. 3 456.78 + 789 012.34 + 23 456 789.01 + 5 678.90 + 89 012.34 + 678 901.23 + 3 456 789.01 + 90 123.45 + 456 789.01 + 876 543.21 =

4. 4 567.89 + 890 123.45 + 34 567 890.12 + 6 789.01 + 90 123.45 + 789 012.34 + 4 567 890.12 + 12 345.67 + 567 890.12 + 987 654.32 =

21 天打卡训练—第 13 天

一、在下列分位格中按顺序写出小写数码字（要求：写一排空一排）

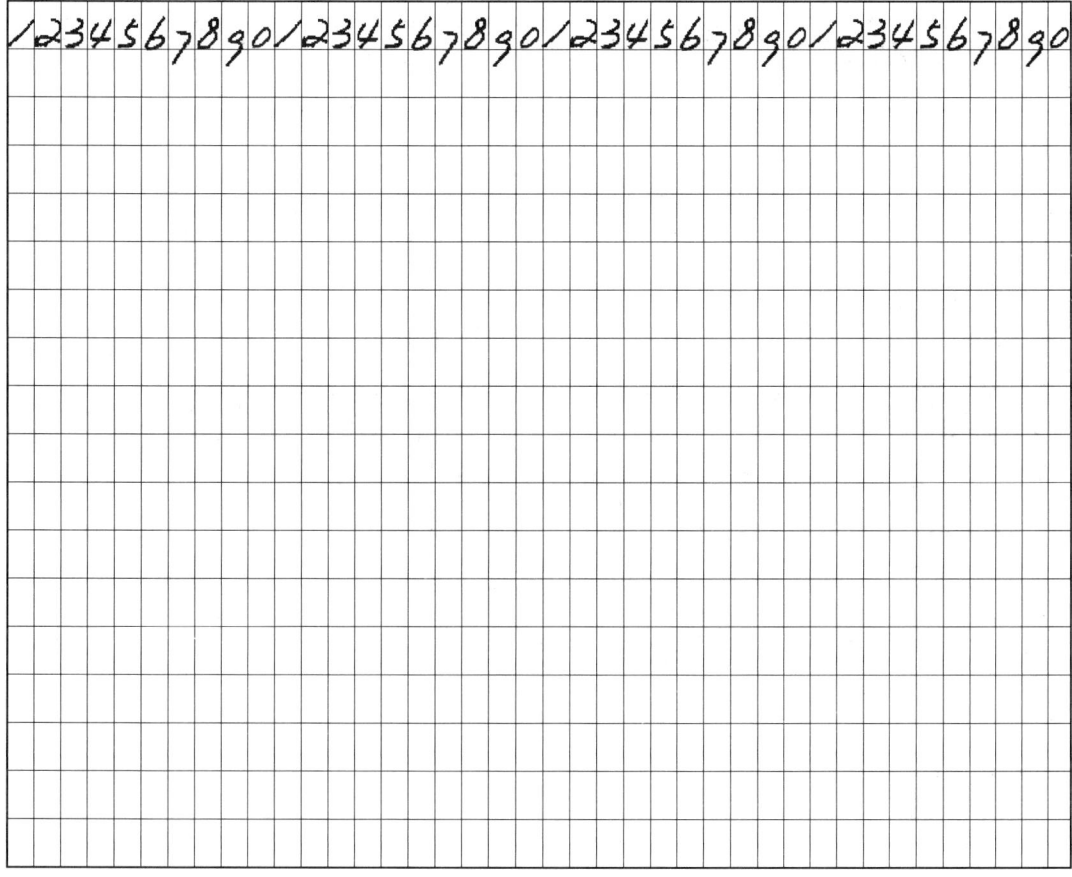

二、计算（利用计算器计算下列各题答案，结果保留两位小数）

1. 5 678.90 + 901 234.56 + 45 678 901.23 + 7 890.12 + 12 345.67 + 890 123.45 + 5 678 901.23 + 23 456.78 + 678 901.23 + 1 098 765.43 =

2. 6 789.01 + 123 456.78 + 56 789 012.34 + 8 901.23 + 23 456.78 + 901 234.56 + 6 789 012.34 + 34 567.89 + 789 012.34 + 1 209 876.54 =

3. 7 890.12 + 234 567.89 + 67 890 123.45 + 9 012.34 + 34 567.89 + 123 456.78 + 7 890 123.45 + 45 678.90 + 890 123.45 + 1 320 987.65 =

4. 8 901.23 + 345 678.90 + 78 901 234.56 + 1 234.56 + 45 678.90 + 234 567.89 + 8 901 234.56 + 56 789.01 + 901 234.56 + 1 432 098.76 =

21 天打卡训练—第 14 天

一、在下列分位格中按顺序写出小写数码字（要求：写一排空一排）

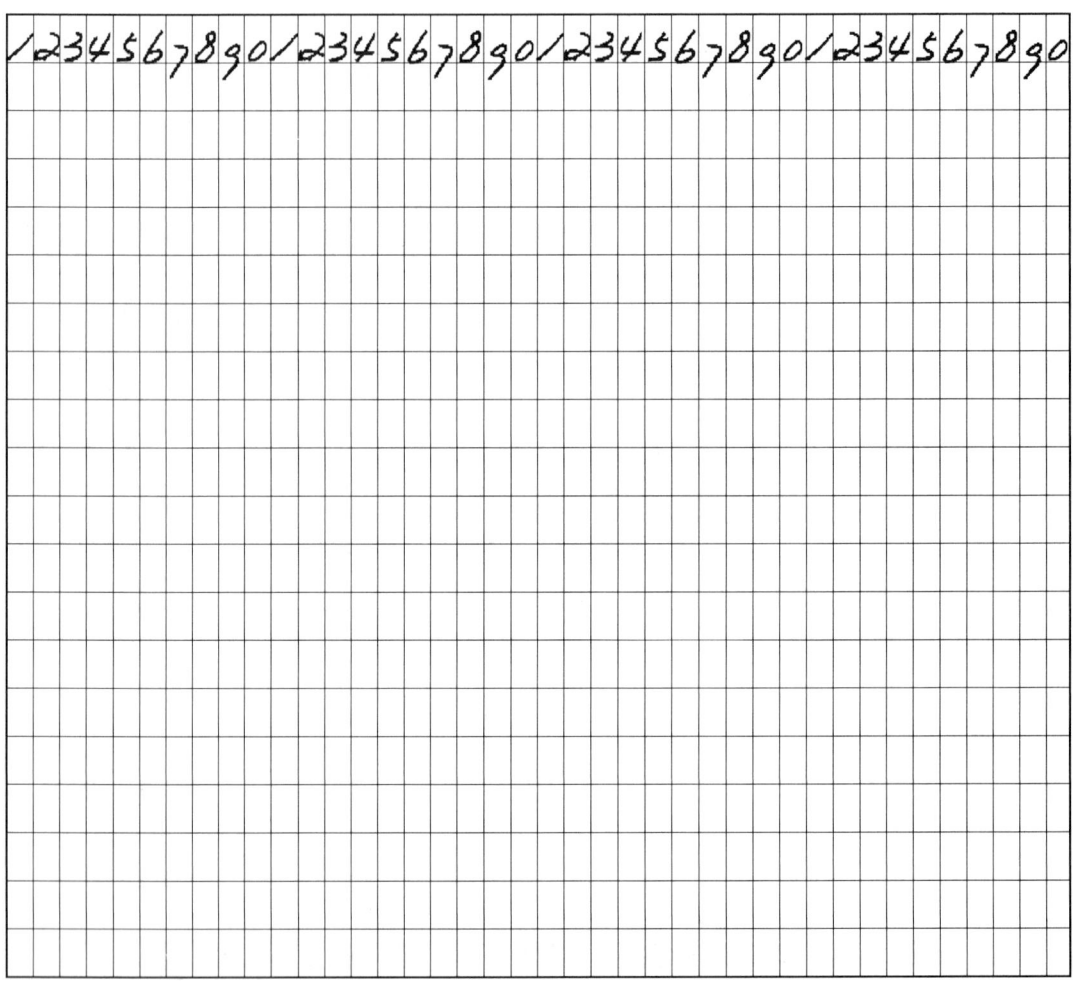

二、心算下列各题

1. 506 708 + 105 + 60 321 =
2. 905.36 + 1 087.21 + 1 005.02 =
3. 2 031.12 + 2 205 + 708.12 =
4. 6 013.47 + 9 014.56 + 30 147.26 =
5. 154.32 + 60 214.19 + 3 014.25 =
6. 146.27 + 8 041.26 + 3 014.58 =

21 天打卡训练—第 15 天

一、在下列分位格中按顺序写出小写数码字（要求：写一排空一排）

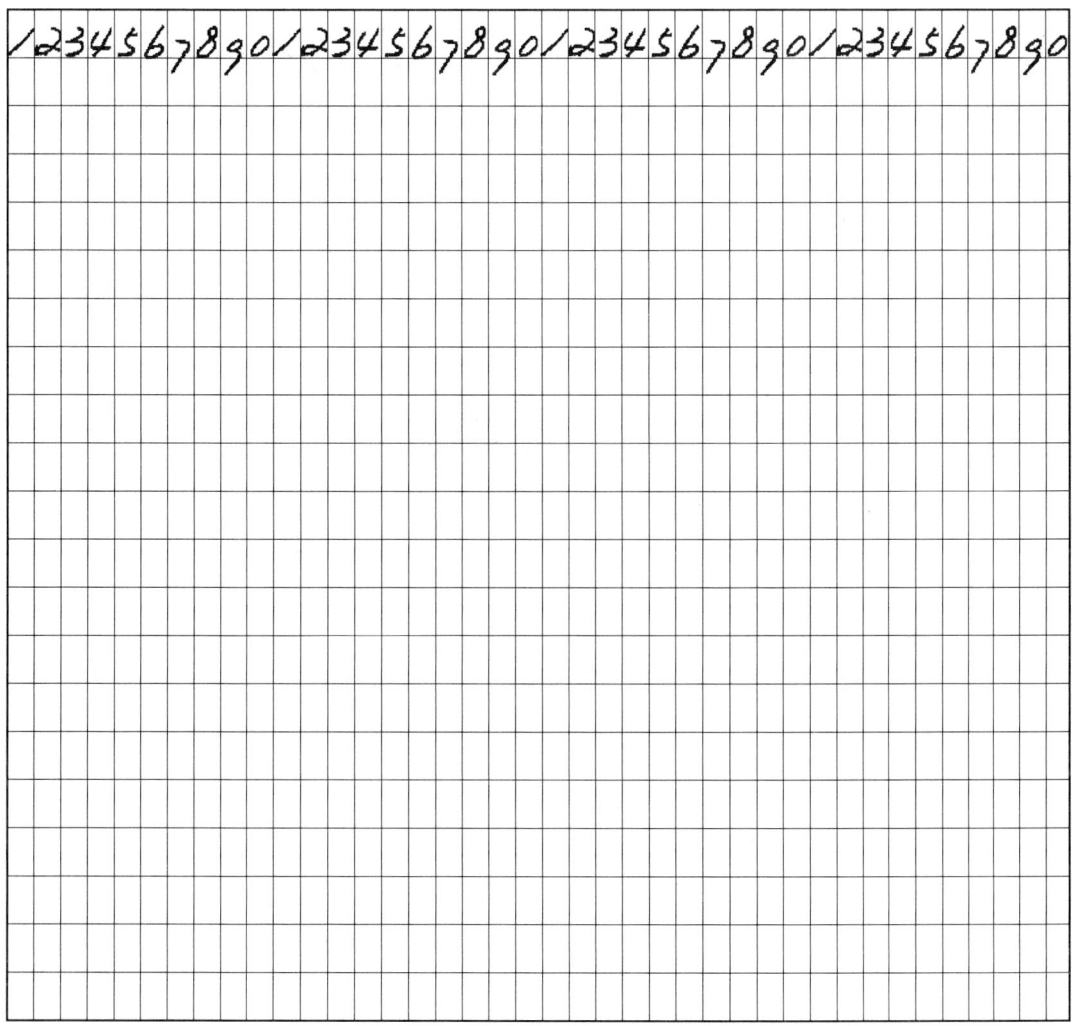

二、心算下列各题

1. 201 405 + 906 + 31 402 =
2. 205.21 + 5 024.13 + 907.15 =
3. 201.64 + 3 012.14 + 405.35 =
4. 603.27 + 824.17 + 8 824.15 =
5. 603.24 + 201.18 + 9 741.25 =
6. 301.41 + 5 012.47 + 624.49 =

21 天打卡训练—第 16 天

一、在下列分位格中按顺序写出小写数码字（要求：写一排空一排）

二、单选题（请在四个选项中选出一个正确答案）

1. 珠算最早起源于（　　）。
   A. 日本　　　　　B. 中国　　　　　C. 印度　　　　　D. 埃及
2. 珠算的历史可以追溯到（　　）。
   A. 商朝　　　　　B. 汉朝　　　　　C. 唐朝　　　　　D. 宋朝

21天打卡训练—第17天

一、在下列分位格中按顺序写出小写数码字（要求：写一排空一排）

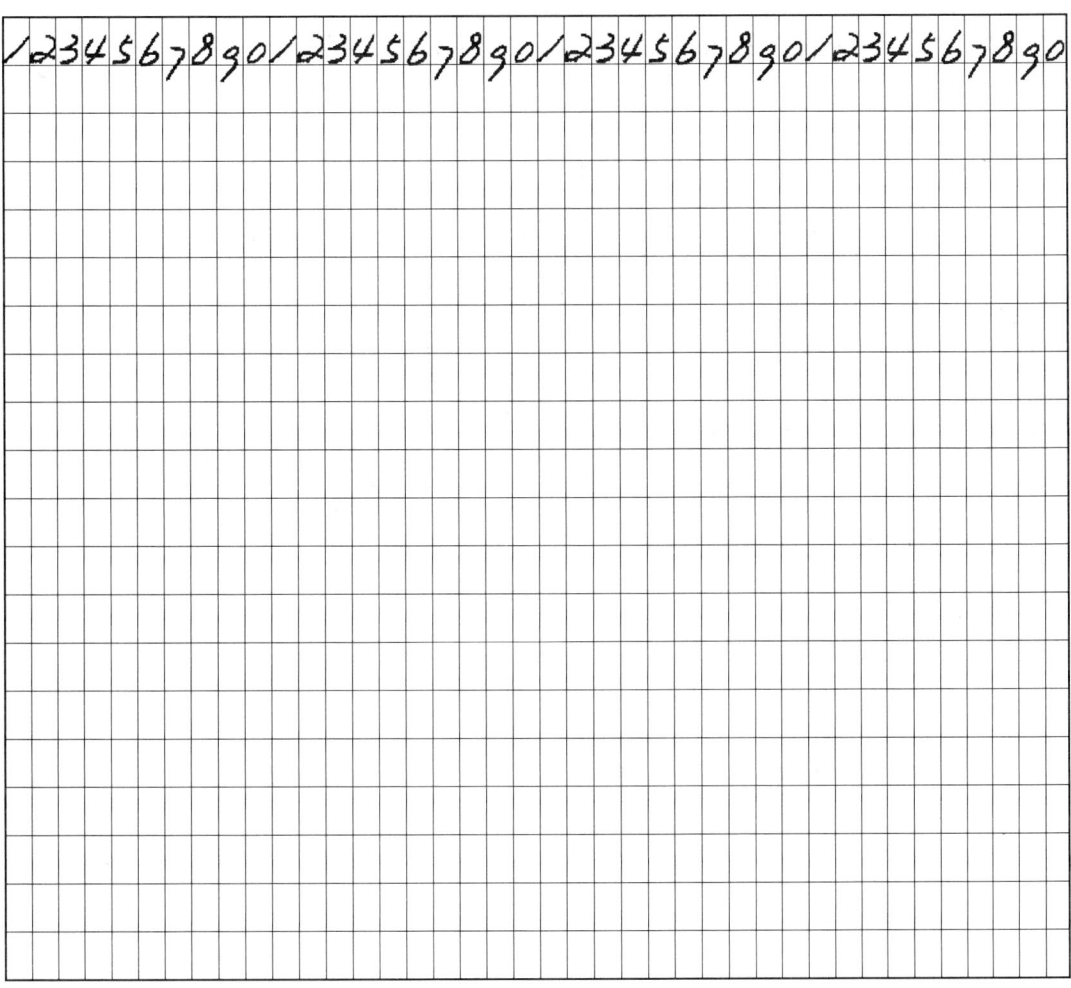

二、单选题（请在四个选项中选出一个正确答案）

1. 珠算在我国达到鼎盛时期的朝代是（　　）。
A. 唐朝　　　　　B. 宋朝　　　　　C. 明朝　　　　　D. 清朝
2. 珠算被联合国教科文组织列入人类非物质文化遗产的时间是（　　）年。
A. 2013　　　　　B. 2015　　　　　C. 2017　　　　　D. 2019
3. 珠算在中国古代主要用于（　　）。
A. 商业计算　　　B. 科学研究　　　C. 军事计算　　　D. 艺术创作

21 天打卡训练—第 18 天

一、在下列分位格中按顺序写出小写数码字（要求：写一排空一排）

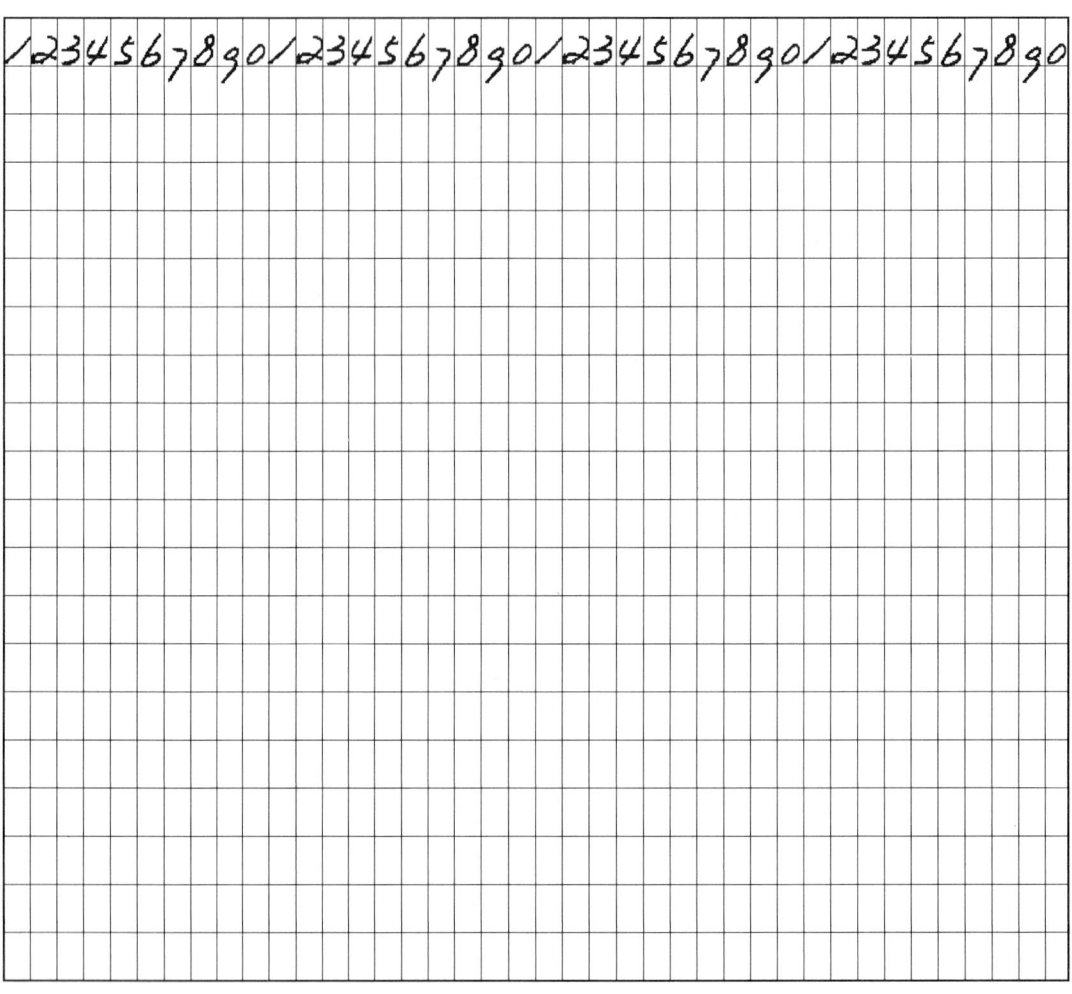

二、单选题（请在四个选项中选出一个正确答案）

1. 珠算作为非物质文化遗产，主要体现的文化传承是（　　）。
   A. 数学文化　　　　　　　　B. 艺术文化
   C. 宗教文化　　　　　　　　D. 建筑文化
2. 你认为珠算申遗成功的主要意义是（　　）。
   A. 推广现代计算器　　　　　B. 保护传统文化和技艺
   C. 促进国际贸易　　　　　　D. 发展现代科技

21 天打卡训练—第 19 天

一、在下列分位格中按顺序写出小写数码字（要求：写一排空一排）

二、单选题（请在四个选项中选出一个正确答案）

1. 申遗成功后，中国采取了哪些措施来推广保护珠算文化（　　）。
   A. 设立珠算博物馆　　　　　　　　B. 将珠算纳入学校课程
   C. 举办珠算比赛　　　　　　　　　D. 以上都是
2. 珠算的核心工具是（　　）。
   A. 算盘　　　　　B. 计算器　　　　　C. 电脑　　　　　D. 纸张

21 天打卡训练—第 20 天

一、在下列分位格中按顺序写出小写数码字（要求：写一排空一排）

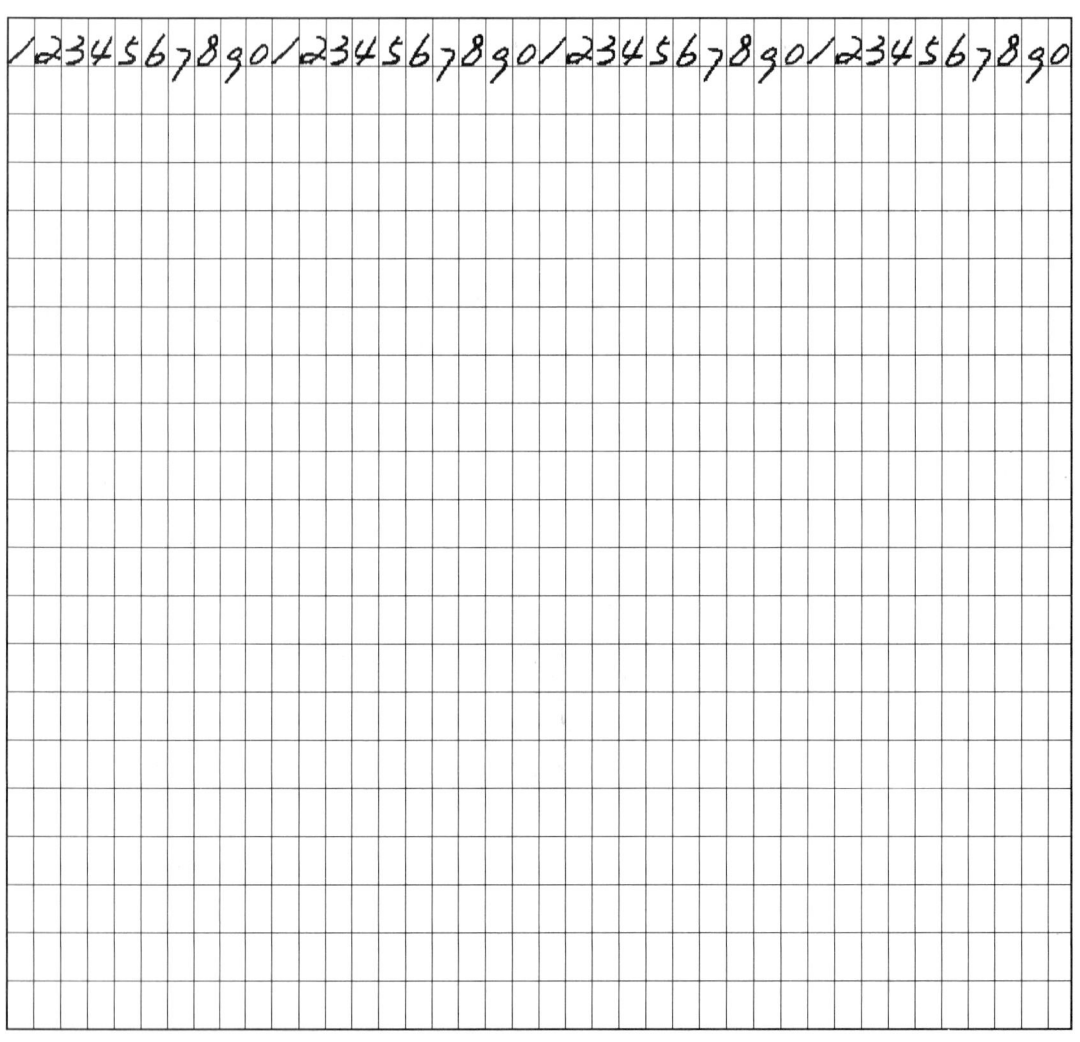

二、单选题（请在四个选项中选出一个正确答案）

1. 中国珠算博物馆的"镇馆之宝"是（　　）。
   A. 49 档"子玉算盘"　　　　　B. 长 7.8 米的紫檀大算盘
   C. 九层 30 档算　　　　　　　D. 13 档球形珠红木算盘
2. 《清明上河图》中出现的算盘主要用于的场景是（　　）。
   A. 商店收银　　　　　　　　　B. 药铺计算药价
   C. 家庭记账　　　　　　　　　D. 学校教学

21 天打卡训练—第 21 天

一、在下列分位格中按顺序写出小写数码字（要求：写一排空一排）

二、单选题（请在四个选项中选出一个正确答案）

1. 在中国珠算博物馆中，体现了"精打细算、步步高升"寓意的算盘是（　　）。
   A. 阶梯算盘　　　　　　　　　　B. 皇宫式算盘
   C. 玛瑙算盘　　　　　　　　　　D. 玉如意算盘
2. 中国珠算博物馆收藏的清代"子玉算盘"用于解决哪种艘舰船在设计中遇到的大量繁复、艰深的设计计算问题？（　　）
   A. 平远号　　　B. 致远号　　　C. 定远号　　　D. 镇远号

项目二　会计凭证实训

任务1　识别原始凭证

【背景资料】

会计主体：南川机械有限责任公司

公司地址：四川省成都市龙泉驿区1000号

公司电话：028-84642043

统一社会信用代码：91110223766756566Y

开户行及账号：中国工商银行大面支行，账号为6216 6128 0000 4472 888

公司法定代表人：王永发

公司主要材料：各类各型号钢材

公司主要产品：水泵和离心机

【任务要求】

一、识别筹资业务原始凭证，并编制会计分录

1. 南川机械有限责任公司于2024年12月1日接受长江有限责任公司投资50万元，款项已收存银行。

投资协议书（摘要）

甲方（投资方）：长江有限责任公司
乙方（被投资方）：南川机械有限责任公司
……
第四条：甲方向乙方投资人民币五十万元，占乙方25%股份。
第五条：甲方于2024年12月1日将投资款项转入乙方基本存款账户，账号为6216 6128 0000 4472 888。
……

甲方：盖章
甲方法人代表：

乙方：盖章
乙方法人代表：王永发

合同签订日期：2024年12月1日

中国工商银行 网上银行电子回单

电子回单号码：51784958741

付款人	户　名	长江有限责任公司	收款人	户　名	南川机械有限责任公司
	账　号	6150000000000005680		账　号	6216612800004472888
	开户银行	中国工商银行玉林支行		开户银行	中国工商银行大面支行

金　额	人民币（大写）：伍拾万元整		
摘　要	取得投资款	业务种类	对公转账
用　途	投资款项到账		
交易流水号	09818241090514	时间戳	

备注：

验证码：04996402

| 记账网点 | 628 | 记账柜员 | 106 | 记账日期 | 2024年12月01日 |

打印日期：2024年12月01日

2. 南川机械有限责任公司于2024年12月1日从中国工商银行大面支行借入期限为6个月的款项200 000元，已存入银行。

中国工商银行 借款凭证

2024 年 12 月 01 日　　　　　2888501

借款人	南川机械有限责任公司	贷款账号	6216612800004415879	存款账号	6216612800004472888

贷款金额	人民币（大写）	贰拾万元整	千百十万千百十元角分 ¥ 2 0 0 0 0 0 0 0

用途	流动资金	期限		约定还款日期	2025 年 06 月 01 日
		贷款利率	4.8%	借款合同号码	GS4285560

上列货款已转入借款人指定的账户。

中国工商银行
2024.12.01
转讫

记账

第一联 回单

3. 南川机械有限责任公司于2024年12月20日支付借款利息82 000元，计息起讫日为2024年9月20日至2024年12月19日，已计提利息64 879元。

中国工商银行 网上银行电子回单

电子回单号码：06139171171

付款人	户名	南川机械有限责任公司	收款人	户名	中国工商银行大面支行
	账号	6216612800004472888		账号	6216612800001258796
	开户银行	中国工商银行大面支行		开户银行	中国工商银行大面支行
金额		人民币（大写）：捌万贰仟元整			¥82,000.00 元
摘要		支付利息	业务种类		对公转账
用途		支付利息			
交易流水号		75691363856055	时间戳		2024-12-20
备注：		计息起讫日为2024年9月20日至2024年12月19日			
验证码：80879524					
记账网点	628	记账柜员	965	记账日期	2024年12月20日

打印日期：2024年12月20日

4. 南川机械有限责任公司于 2024 年 12 月 31 日计提利息，本金 300 万元，借款年利率 8%，借款利息 2 万元。

银行借款利息计算表
2024 年 12 月 31 日

借款名称	借款金额	计息月份	借款利率	借款利息
短期借款	3 000 000.00	2024.12	8%	20 000.00
合计				20 000.00

会计主管：罗宇　　　　制单：王红丽　　　　复核：李静

二、识别固定资产业务原始凭证，并编制会计分录

1. 南川机械有限责任公司于 2024 年 12 月 9 日从大众机器有限公司购入直接使用的包装机一台，取得增值税专用发票注明价款为 360 000 元，增值税 46 800 元，款项已支付。同时开出转账支票向灰狼运输公司支付运费取得专用发票注明运费为 8 000 元，增值税 720 元。

四川 增值税电子专用发票

机器编号：002120247070

发票代码：315276466190
发票号码：00099747
开票日期：2024年12月09日
校验码：05277908983855055629

购买方	名　称：南川机械有限责任公司
	纳税人识别号：91110223766756566Y
	地　址、电　话：四川省成都市龙泉驿区1000号 028-84642043
	开户行及账号：中国工商银行大面支行 6216612800004472888

密码区：
8>350582-->59205927*1#5706%#
047-683*075*9973770*70263-%
7#%5#%##210890*25#90-32-#1*>
7>%1*#-2506*4*199%3779>*48*3

项目名称	规格型号	单位	数量	单价	金额	税率	税额
*包装设备*包装机	TXT12	台	1	360,000.00	360,000.00	13%	46,800.00
合　计					¥360,000.00		¥46,800.00

价税合计（大写）：肆拾万陆仟捌佰元整　　　　　（小写）¥406,800.00

销售方	名　称：大众机器有限公司
	纳税人识别号：91110223766712545X
	地　址、电　话：成都市高新区天府三街 028-74642016
	开户行及账号：中国工商银行杨林路支行 6216612800005642189

备注：（大众机器有限公司 发票专用章）

收款人：　　　复核：　　　开票人：

四川 增值税电子专用发票

机器编号：699054238037

发票代码：912110456057
发票号码：79773146
开票日期：2024年12月09日
校验码：74951307089544168178

购买方	名　称：南川机械有限责任公司
	纳税人识别号：91110223766756566Y
	地　址、电　话：四川省成都市龙泉驿区1000号 028-84642043
	开户行及账号：中国工商银行大面支行 6216612800004472888

密码区：
-24-0#15243244*->7#-5704-9*7
5%8560%34--%4>6%9#6-%>6*4616
#4#-#351578642->72**2-%>9424
4-2636*-7140484857809025O243

项目名称	规格型号	单位	数量	单价	金额	税率	税额
*货物运输*陆路运输			1	8,000.00	8,000.00	9%	720.00
合　计					¥8,000.00		¥720.00

价税合计（大写）：捌仟柒佰贰拾元整　　　　　（小写）¥8,720.00

销售方	名　称：灰狼运输公司
	纳税人识别号：963256325365125418
	地　址、电　话：成都市高新区天府一街财富中心 028-6578234
	开户行及账号：中国工商银行杨林路支行 6216612800005615725

备注：（灰狼运输公司 发票专用章）

收款人：　　　复核：　　　开票人：

中国工商银行 网上银行电子回单

电子回单号码：60306889453

付款人	户　名	南川机械有限责任公司	收款人	户　名	大众机器有限公司
	账　号	6216612800004472888		账　号	6216612800005642189
	开户银行	中国工商银行大面支行		开户银行	中国工商银行杨林路支行

金　额	人民币（大写）：肆拾万陆仟捌佰元整	¥406,800.00 元
摘　要	支付包装机价款	业务种类　对公转账
用　途	支付包装机价款	
交易流水号	49878080037196	2024-12-09
	备注：	
验证码：97770186		

记账网点	628	记账柜员	597	记账日期	2024年12月09日

打印日期：2024年12月09日

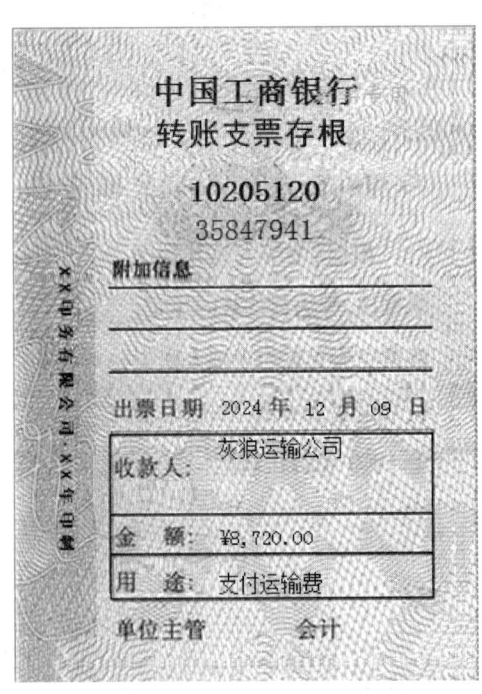

中国工商银行
转账支票存根
10205120
35847941

附加信息

出票日期 2024年 12月 09日
收款人：灰狼运输公司
金　额：¥8,720.00
用　途：支付运输费
单位主管　　会计

2. 南川机械有限责任公司于2024年12月13日从大东电梯有限公司购入电梯一部，取得增值税专用发票注明价款为220 000元，增值税28 600元，已转账支付。

项目二 会计凭证实训

四川 增值税电子专用发票

发票代码：297002403362
发票号码：35404461
开票日期：2024年12月13日
校验码：40682622697598867704

机器编号：985946284332

购买方	名称：南川机械有限责任公司 纳税人识别号：91110223766756566Y 地址、电话：四川省成都市龙泉驿区1000号 028-84642043 开户行及账号：中国工商银行大面支行 6216612800004472888

密码区：
#%02#257699>93##*7%1#8991#-95
%9*-936#>90142*6%>>31022459-
4246060)%3%>48659044737->3)#
%%8-69)8-#6440-375-5*6-801#%

项目名称	规格型号	单位	数量	单价	金额	税率	税额
*搬运设备*载人电梯	DECV223	台	1	220,000.00	220,000.00	13%	28,600.00
合计					¥220,000.00		¥28,600.00

价税合计（大写）：贰拾肆万捌仟陆佰元整 （小写）¥248,600.00

销售方	名称：大东电梯有限公司 纳税人识别号：96325256A25362 地址、电话：四川省成都市天府三街新希望国际中心 0701-2356324 开户行及账号：工行天府三街支行 62232000000091725000	备注	（发票专用章：大东电梯有限公司 96325256A25362）

收款人： 复核：陈东 开票人：刘小雨

中国工商银行 网上银行电子回单

电子回单号码：17317337168

付款人	户名	南川机械有限责任公司	收款人	户名	大东电梯有限公司
	账号	6216612800004472888		账号	6216612800008547231
	开户银行	中国工商银行大面支行		开户银行	中国工商银行洪河支行

金额	人民币（大写）：贰拾肆万捌仟陆佰元整	¥248,600.00 元
摘要		业务种类
用途	支付电梯款	
交易流水号	23011549731107	2024-12-13
备注：		
验证码：71923655		

记账网点	397	记账柜员	711	记账日期	2024年12月13日

打印日期：2024年12月13日

固定资产移交工程移交单

2024 年 12 月 13 日

设备名称	规格型号	来源	数量	购（造）价	用途
电梯		购入	1 倍	220 000.00	安装工程
合计				220 000.00	

移交人：陈熙　　　　　　　　　　　　　　　接手人：黄媛

3. 南川机械有限责任公司于 2024 年 12 月 19 日向申蓉有限公司支付安装费，取得增值税专用发票注明价款为 15 000 元，增值税为 1 350 元，已转账支付。

四川 增值税电子普通发票

发票代码：690772307662
发票号码：17889246
开票日期：2024年12月19日
校验码：75781341329569240500

机器编号：170015220169

购买方：
名称：南川机械有限责任公司
纳税人识别号：91110223766756566Y
地址、电话：四川省成都市龙泉驿区1000号 028-84642043
开户行及账号：中国工商银行大面支行 621612800004472888

密码区：
06%53862%%*3*4>622-%%10>384*
85*0*635%14*5*663>5%33**10%6
0-4859#3->0856-411*#964>6-#5
0%343>-82>6*150#50833#->-5#-

货物或应税劳务、服务名称	规格型号	单位	数量	单价	金额	税率	税额
安装服务			1	15,000.00	15,000.00	9%	1,350.00
合　计					¥15,000.00		¥1,350.00

价税合计（大写）　⊗ 壹万陆仟叁佰伍拾元整　　　　　　（小写）¥16,350.00

销售方：
名称：申蓉有限公司
纳税人识别号：91110223766778954
地址、电话：四川省成都市锦江区百日红路778号 028-6584215
开户行及账号：中国工商银行洪河支行 621612845689215670

备注：（发票专用章 91110223766778954）

收款人：　　　复核：　　　开票人：　　　销售方：（章）

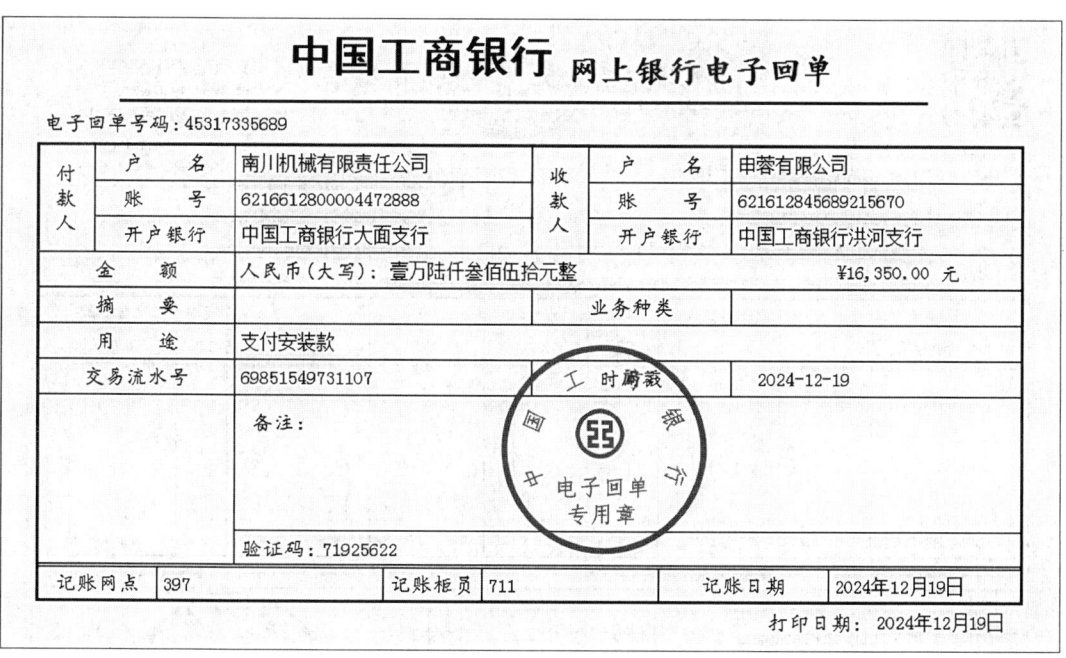

4. 2024 年 12 月 20 日，电梯安装完毕。

固定资产移交验收单

2024 年 12 月 20 日

名称	规格型号	单位	数量	设备价款	预计使用年限	使用部门
电梯		台	1	235 000.00	10	生产部
合计			1	235 000.00		
备注	预计净残值率为 5%					

部门主管　　　　　　　　　　　　　　　　　制单：魏小红

三、识别采购业务原始凭证，并编制会计分录

1. 南川机械有限责任公司于 2024 年 12 月 5 日从岷江股份有限公司购买圆钢一批，取得增值税专用发票注明价款为 400 000 元，增值税 52 000 元，款项已支付。

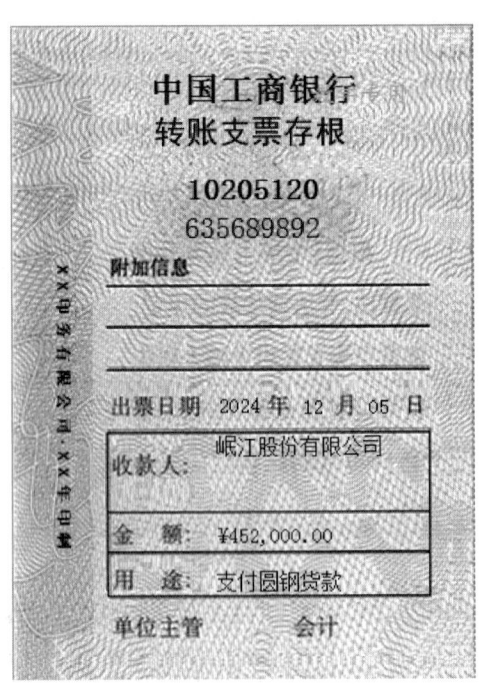

2. 2024年12月8日，南川机械有限责任公司购入的圆钢验收入库。

收料单

材料科目：原材料
供应单位：岷江股份有限公司
发票号码：79469950　　　　　　　　2024 年 12 月 8 日　　　　　　　　收料仓库：

材料名称	规格	计量单位	数量		实际成本		运杂费	其他	合计
			应收	实收	买价				
					单价	金额			
圆钢		吨	20	20	20 000.00	400 000.00			400 000.00
合计									

记账：　　　　　　　　收料：王守一　　　　　　　　制单：王守一

3. 南川机械有限责任公司于 2024 年 12 月 10 日从岷江股份有限公司购买方钢一批，取得增值税专用发票注明价款为 300 000 元，增值税 39 000 元，款项未支付。同时向德邦物流公司支付运费为 10 000 元，增值税为 900 元，材料已入库。

四川 增值税电子专用发票

发票代码：051393150732
发票号码：68119582
开票日期：2024年12月10日
校验码：16021697345593034517

机器编号：748237931712

购买方
名　　称：南川机械有限责任公司
纳税人识别号：91110223766756666Y
地址、电话：四川省成都市龙泉驿区1000号 028-84642043
开户行及账号：中国工商银行大面支行 6216612800004472888

密码区：
73084%>92-85#-7%268*90%%26>%
750#6>93-*101*43-7*8092>>*>3
0#*507*6%56617#5025796#*4194
837#9458>%%#11672*%63464*475

项目名称	规格型号	单位	数量	单价	金额	税率	税额
*钢铁制品*方钢		吨	10	30,000.00	300,000.00	13%	39,000.00
合　计					¥300,000.00		¥39,000.00

价税合计（大写）：叁拾叁万玖仟元整　　　（小写）¥339,000.00

销售方
名　　称：岷江股份有限公司
纳税人识别号：911102237667854675
地址、电话：成都市金牛区玉盘路13号 028-8695124
开户行及账号：工行通州支行 6216612800008945726

备注：（岷江股份有限公司 发票专用章）

收款人：　　　　复核：　　　　开票人：

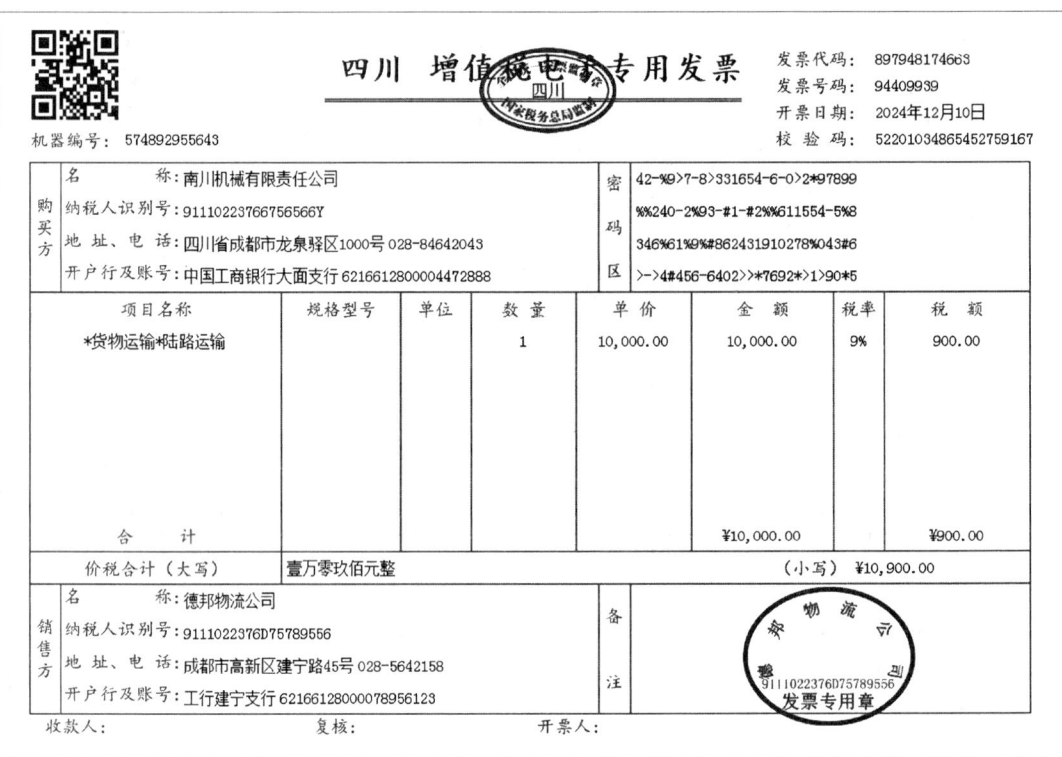

收料单

材料科目：原材料
供应单位：岷江股份有限公司
发票号码：68119582、94409930　　2024 年 12 月 10 日　　收料仓库：

材料名称	规格	计量单位	数量		实际成本				
			应收	实收	买价		运杂费	其他	合计
					单价	金额			
方钢		吨	10	10	30 000.00	300 000.00	10 000.00		310 000.00
合计									

记账：　　　　　　　　　收料：王守一　　　　　　　　制单：王守一

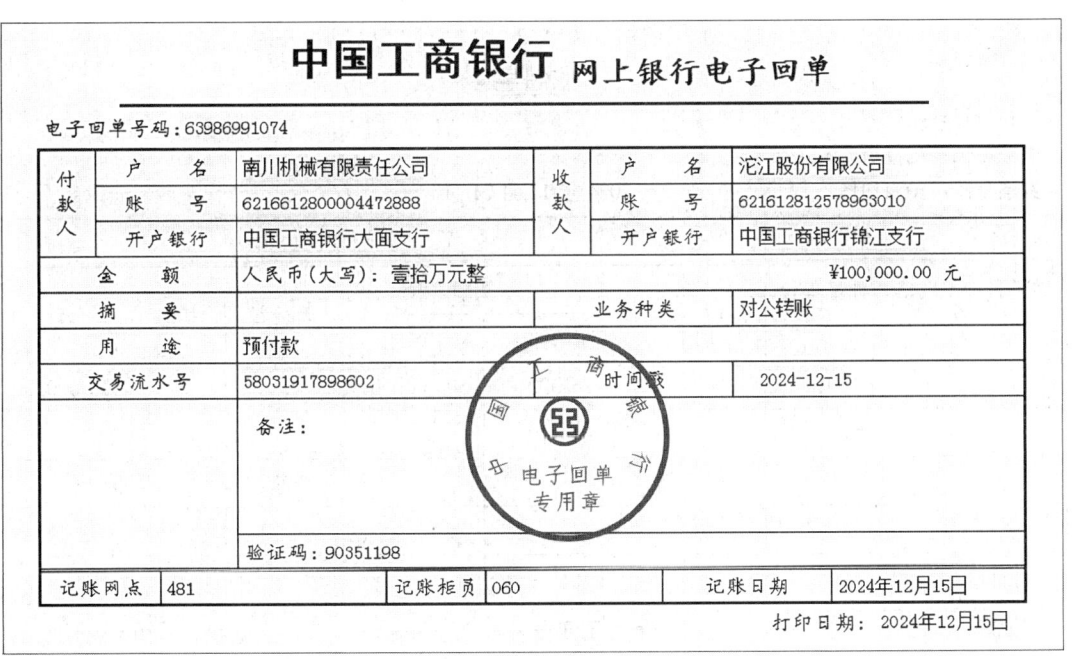

4. 南川机械有限责任公司于2024年12月15日向沱江股份有限公司预付材料款100 000元。

5. 2024年12月21日，南川机械有限责任公司向沱江股份有限公司购入的扁钢已验收入库，取得增值税专用发票注明价款为500 000元，增值税65 000元，剩余款项未支付。

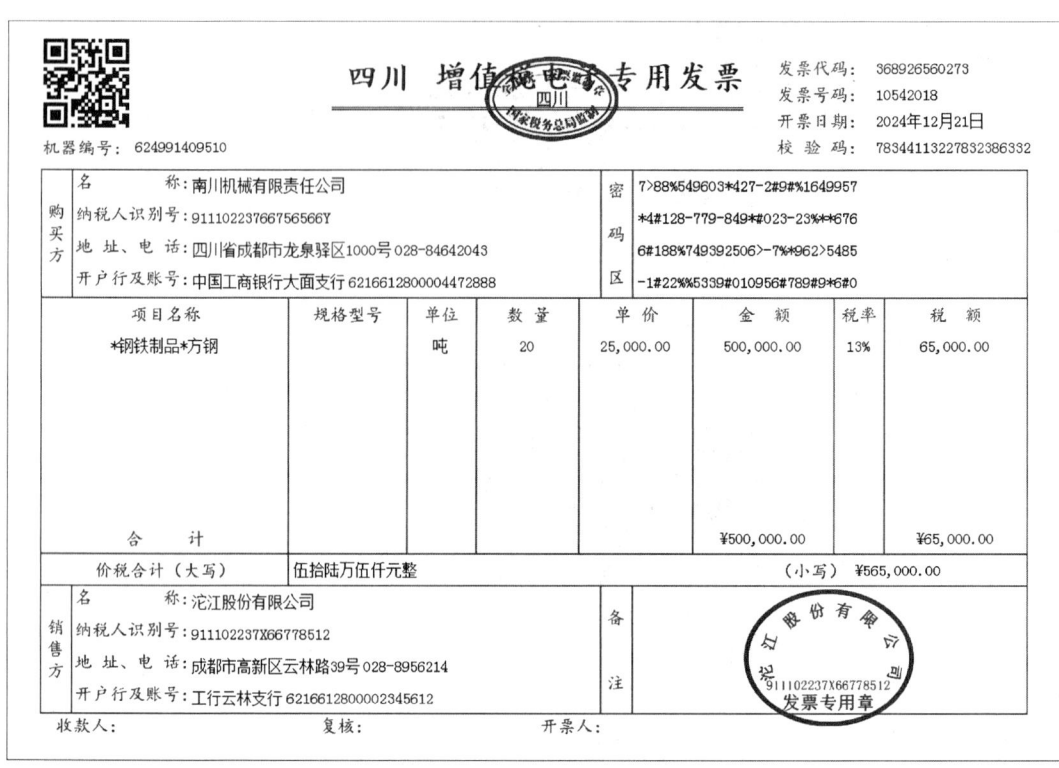

收料单

材料科目：原材料
供应单位：沱江股份有限公司
发票号码：10542018　　　　　2024 年 12 月 21 日　　　　　收料仓库：

材料名称	规格	计量单位	数量		实际成本		运杂费	其他	合计
			应收	实收	买价				
					单价	金额			
扁钢		吨	20	20	25 000.00	500 000.00			500 000.00
合计									

记账：　　　　　　　　收料：王守一　　　　　　　　制单：王守一

6. 南川机械有限责任公司于 2024 年 12 月 26 日向嘉陵有限责任公司购入螺纹钢一批，取得增值税专用发票注明价款为 420 000 元，增值税 54 600 元。材料已入库，开出一张面值为 474 600 元不带息商业承兑汇票一张。

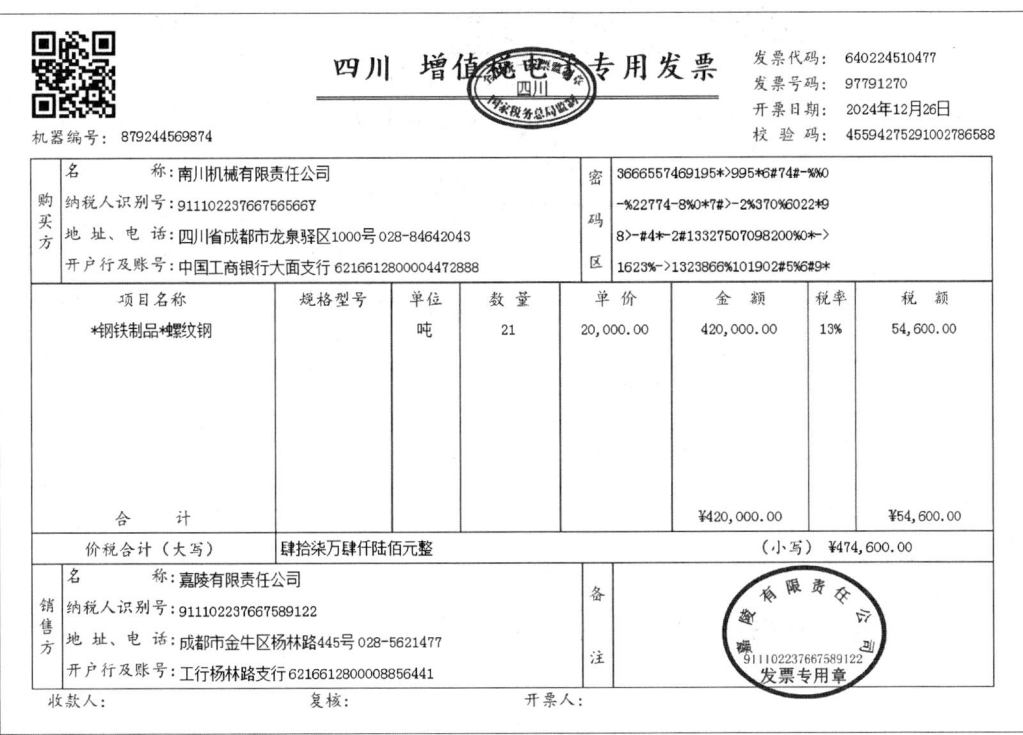

收料单

材料科目：原材料
供应单位：嘉陵有限责任公司
发票号码：97791270　　　　　　2024 年 12 月 26 日　　　　　　收料仓库：

材料名称	规格	计量单位	数量		实际成本				
			应收	实收	买价		运杂费	其他	合计
					单价	金额			
螺纹钢		吨	20	20	21 000.00	420 000.00			420 000.00
合计									

记账：　　　　　　　　收料：王守一　　　　　　　　制单：王守一

```
中国工商银行  商业承兑汇票 (卡 片)   1      10200060
                                        90995524
出票日期 贰零贰肆 年 壹拾贰 月 贰拾陆 日
(大写)

付款人  全  称  南川机械有限责任公司        收款人  全  称  嘉陵有限责任公司
       账  号  6216612800004472888              账  号  6216612800008856441
       开户银行 中国工商银行大面支行              开户银行 工行杨林路支行

出票金额 人民币(大写) 肆拾柒万肆仟陆佰元整        ¥ 4 7 4 6 0 0 0 0

汇票到期日(大写) 贰零贰伍年零陆月贰拾陆日    付款人开户行  行号 1259878
                                                      地址 成都洪河大道4587号
交易合同号码 58675353
```

（出票人签章：南川机械有限责任公司财务专用章、王永发）

四、识别生产业务原始凭证，并编制会计分录

1. 南川机械有限责任公司领料情况如下：

（1）2024 年 12 月 2 日，生产水泵领用圆钢 7 吨；领用方钢 11 吨。

领料单   No.00000001

领料部门：生产部门
用　　途：生产水泵　　2024 年 12 月 02 日　　单位：吨

编号	材料名称	规格	单位	数量 请领	数量 实发	成本 单价	成本 金额
	圆钢		吨	7	7		
	方钢		吨	11	11		
	合计						

主管：　　记账：　　仓管主管：张三　　领料：李四　　发料：张三

（2）2024 年 12 月 14 日，生产水泵领用圆钢 9.5 吨；领用方钢 7 吨；领用扁钢 3.4 吨。

领料单

No.00000002

领料部门：<u>生产部门</u>
用　　途：<u>生产水泵</u>　　　　2024 年 12 月 14 日　　　　　　　　单位：吨

编号	材料名称	规格	单位	数量		成本	
				请领	实发	单价	金额
	圆钢		吨	9.5	9.5		
	方钢		吨	7	7		
	扁钢		吨	3.4	3.4		
			合计				

主管：　　　　记账：　　　　仓管主管：张三　　　　领料：李四　　　　发料：张三

第二联：记账联

（3）2024 年 12 月 25 日，生产水泵领用圆钢 4 吨；领用方钢 2 吨；领用螺纹钢 16.6 吨。

领料单

No.00000003

领料部门：<u>生产部门</u>
用　　途：<u>生产水泵</u>　　　　2024 年 12 月 25 日　　　　　　　　单位：吨

编号	材料名称	规格	单位	数量		成本	
				请领	实发	单价	金额
	圆钢		吨	4	4		
	方钢		吨	2	2		
	螺纹钢		吨	16.6	16.6		
			合计				

主管：　　　　记账：　　　　仓管主管：张三　　　　领料：李四　　　　发料：张三

第二联：记账联

（4）2024 年 12 月 3 日，生产离心机领用圆钢 5.55 吨；领用方钢 6.5 吨；领用扁钢 5 吨。

领料单

No.00000004

领料部门：__生产部门__
用　　途：__生产离心机__　　2024 年 12 月 03 日　　单位：吨

编号	材料名称	规格	单位	数量		成本	
				请领	实发	单价	金额
	圆钢		吨	5.55	5.55		
	方钢		吨	6.5	6.5		
	扁钢		吨	5	5		
			合计				

主管：　　　　记账：　　　　仓管主管：张三　　　领料：李四　　　发料：张三

第二联：记账联

（5）2024 年 12 月 13 日，生产离心机领用圆钢 5 吨；领用方钢 8.5 吨；领用扁钢 5 吨。

领料单

No.00000005

领料部门：__生产部门__
用　　途：__生产离心机__　　2024 年 12 月 13 日　　单位：吨

编号	材料名称	规格	单位	数量		成本	
				请领	实发	单价	金额
	圆钢		吨	5	5		
	方钢		吨	8.5	8.5		
	扁钢		吨	5	5		
			合计				

主管：　　　　记账：　　　　仓管主管：张三　　　领料：李四　　　发料：张三

第二联：记账联

（6）2024 年 12 月 23 日，生产离心机领用圆钢 7 吨；领用方钢 2 吨；领用螺纹钢 9 吨。

领料单　　　　　　　　　　　　　　　　　　　　　　No.00000006

领料部门：生产部门
用　途：生产离心机　　　　　2024 年 12 月 23 日　　　　　　　单位：吨

编号	材料名称	规格	单位	数量		成本	
				请领	实发	单价	金额
	圆钢		吨	7	7		
	方钢		吨	2	2		
	螺纹钢		吨	9	9		
		合计					

主管：　　　记账：　　　仓管主管：张三　　　领料：李四　　　发料：张三

第二联：记账联

（7）2024 年 12 月 18 日，车间一般耗用无缝钢管 1 吨，焊管 0.5 吨。

领料单　　　　　　　　　　　　　　　　　　　　　　No.00000007

领料部门：生产部门
用　途：车间一般耗用　　　　2024 年 12 月 18 日　　　　　　　单位：吨

编号	材料名称	规格	单位	数量		成本	
				请领	实发	单价	金额
	无缝钢管		吨	1	1		
	焊管		吨	0.5	0.5		
		合计					

主管：　　　记账：　　　仓管主管：张三　　　领料：李四　　　发料：张三

第二联：记账联

（8）发料凭证汇总表。

发料凭证汇总表

2024 年 12 月 31 日

用途		原料及主要材料	数量（单位：吨）	金额（单位：元）
产品生产	水泵	圆钢	20.50	410 000.00
		方钢	20.00	600 000.00
		螺纹钢	20.00	420 000.00
		小计	60.50	1 430 000.00
	离心机	圆钢	17.55	351 000.00
		方钢	17.00	510 000.00
		扁钢	10.00	250 000.00
		螺纹钢	9.00	189 000.00
		小计	53.55	1 300 000.00
车间一般耗用		无缝钢管	1.00	45 000.00
		焊管	0.50	20 000.00
		小计	1.50	65 000.00
合计			115.55	1 684 000.0

复核 周婷   制表 李舒蓉

2. 2024 年 12 月 8 日，南川机械有限责任公司支付 11 月工资。假定不考虑扣除项目。

工资结算汇总表

2024 年 12 月 8 日   单位：元

部门		工资	奖金	岗位津贴	合计
生产车间	水泵工人	160 000.00	10 000.00	10 000.00	180 000.00
	离心机工人	250 000.00	15 000.00	20 000.00	285 000.00
	车间管理人员	30 000.00	6 000.00	2 000.00	38 000.00
行政管理部门		180 000.00	570 000.00	50 000.00	800 000.00
销售部门		80 000.00	10 000.00	30 000.00	120 000.00
合计		700 000.00	611 000.00	112 000.00	1 423 000.00

复核 周婷   制表 李舒蓉

项目二 会计凭证实训

中国工商银行
转账支票存根
10205120
639682644

附加信息

出票日期 2024年12月08日
收款人：南川机械有限责任公司
金额：¥1,423,000.00
用途：发放工资
单位主管   会计

3. 2024年11月22日，取得增值税专用发票注明用水800吨，单价4元/吨，总价3 200元，增值税288元。

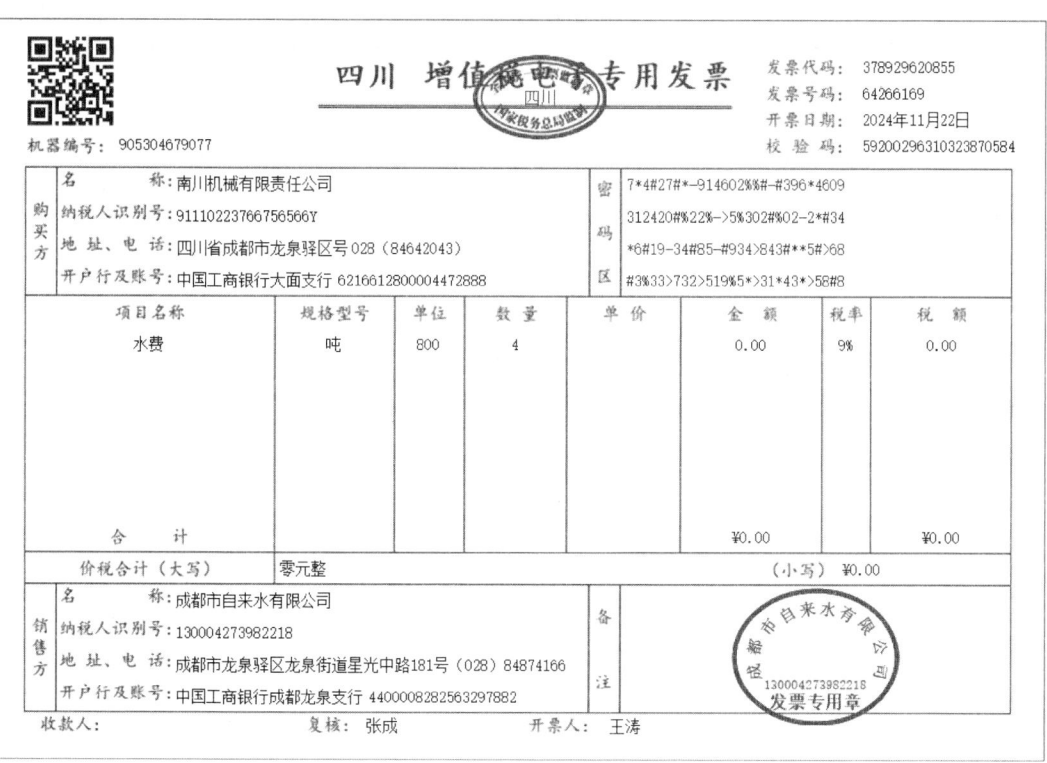

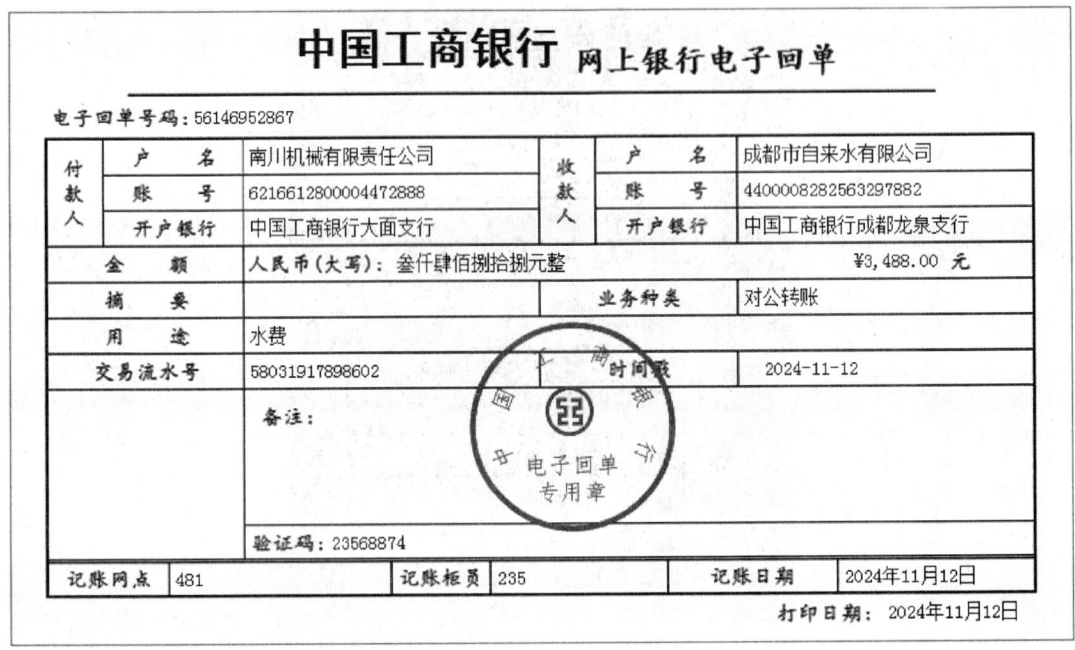

水费分配表

2024 年 11 月 30 日　　　　　　　　　　　　　　　　　　　　单位：元

车间或部门	用水量	单价	金额
生产车间	600	4.00	2 400.00
行政管理部门	200	4.00	800.00
合计	800	4.00	3 200.00

主管：林安　　　　　　　　复核：林安　　　　　　　　制表：林琴

4. 2024 年 11 月 22 日取得增值税专用发票注明用电 100 000 度，单价 1.2 元/度，总价 120 000 元，增值税 15 600 元。

电费分配表

2024 年 11 月 30 日　　　　　　　　　　　　　　　　　　　　　　单位：元

车间或部门	用电量	单价	金额
生产车间	80 000	1.2	96 000.00
行政管理部门	20 000	1.2	24 000.00
合计	100 000	1.2	120 000.00

主管：林安　　　　　　　　　复核：林安　　　　　　　　　制表：林琴

5. 2024 年 11 月 30 日，分配 11 月工资。

工资结算汇总表

2024 年 11 月 30 日　　　　　　　　　　　　　　　　　　　　　　单位：元

部门		工资	奖金	岗位津贴	合计
生产车间	水泵工人	160 000.00	20 000.00	10 000.00	190 000.00
	离心机工人	250 000.00	30 000.00	20 000.00	300 000.00
车间管理人员		30 000.00	8 000.00	2 000.00	40 000.00
企业行政管理人员		180 000.00	570 000.00	50 000.00	800 000.00
专设销售机构人员		80 000.00	20 000.00	30 000.00	130 000.00
合计		700 000.00	648 000.00	112 000.00	1 460 000.00

复核 周婷　　　　　　　　　　　　　　　　　　　　　制表 李舒蓉

6. 2024 年 11 月 30 日，计提 11 月固定资产折旧。

固定资产折旧计算表

2024 年 11 月 30 日　　　　　　　　　　　　　　　　　　　　　　单位：元

部门	名称	原值	月折旧率	月折旧额
生产车间	房屋建筑物	2 000 000.00	0.50%	10 000.00
	机器设备	3 000 000.00	1.00%	30 000.00
企业管理部门	房屋建筑物	1 000 000.00	0.50%	5 000.00
	电子设备	200 000.00	2.50%	5 000.00
专设销售机构	电子设备	50 000.00	2.50%	1 250.00
	汽车类	200 000.00	1.50%	3 000.00

主管：林安　　　　　　　　　复核：林安　　　　　　　　　制表：林琴

7. 2024 年 11 月 30 日，分配制造费用。

制造费用分配表

2024 年 11 月 30 日

产品名称	分配标准（机器工时）	分配总额	分配率	分配金额
水泵	400	180 000	150.00	60 000.00
离心机	800		150.00	120 000.00
合计	1 200		150.00	180 000.00

主管：林安　　　　　　　　　　复核：林安　　　　　　　　　　制表：林琴

8. 产品完工入库。

产成品入库通知单

送检单位：生产车间　　　　　2024 年 11 月 30 日

产品编号	产品名称	规格	计量单位	数量 送检	数量 实数	单位成本	总成本	备注
	水泵		台	40	40			
	离心机		台	10	10			

第二联：财务联

仓库主管：　　　　保管员：　　　　记账：　　　　制单：

产品成本计算单

2024 年 11 月 30 日

产品名称	数量	直接材料	直接人工	制造费用	合计
水泵	40	1 430 000	190 000	60 000	1 680 000.00
离心机	10	1 300 000	300 000	120 000	1 720 000.00

主管：林安　　　　　　　　　　复核：林安　　　　　　　　　　制表：林琴

五、识别销售业务原始凭证，并编制会计分录

1. 2024 年 11 月 9 日，南川机械有限责任公司向嘉陵食品厂销售离心机 30 台，每台售价为 60 000 元，开具的增值税专用发票注明价款合计为 1 800 000 元，增值税为 234 000 元，款项未收到，产品已发出。

四川 增值税电子专用发票

						发票代码：366383822946
						发票号码：41565771
						开票日期：2024年11月09日
机器编号：789390787807						校验码：36519897104207885203

购买方	名　称：	嘉陵食品厂	密码区	*-796981*#881%05*2605%*93%72
	纳税人识别号：	25639526325632512		408372086%7#89-771#%587%>3#-
	地　址、电　话：	四川省成都市天府新区蕴含路（028）34569988		53*-15*8#-8166%466534>0#*>55
	开户行及账号：	中国工商银行蕴含路支行 44087788822017856		*%84#613829%>6547*#65800>6#5

项目名称	规格型号	单位	数量	单价	金额	税率	税额
离心机		台	30	60,000.00	1,800,000.00	13%	234,000.00
合　计					¥1,800,000.00		¥234,000.00

价税合计（大写）	贰佰零叁万肆仟元整	（小写） ¥2,034,000.00

销售方	名　称：	南川机械有限责任公司	备注	
	纳税人识别号：	91110223766756566Y		
	地　址、电　话：	四川省成都市龙泉驿区1000号（028）84642043		（发票专用章）
	开户行及账号：	中国工商银行大面支行 6216612800004472888		

收款人：何国　　复核：徐欣怡　　开票人：何国

出库单

No.01560912

单位：嘉陵食品厂　　　　2024年11月9日

编号	品名	规格	单位	数量	单价	金额	备注
	离心机		台	30			
		合计					

仓库主管：　　　记账：　　　保管：　　　经手人：　　　制单：

第二联：记账联

2. 2024年11月16日，南川机械有限责任公司收到货款2 034 000元。

3. 2024年11月12日，南川机械有限责任公司向天府机器有限公司销售圆钢2吨，不含税价每吨21 000元，增值税7 140元，货物已发出，收到一张面值为49 140元的不带息银行承兑汇票一张。

中国工商银行 银行承兑汇票

出票日期（大写）：贰零贰肆年 壹拾壹月壹拾贰日

No. 10200050 / 56402673 / 2

出票人全称	天府机器有限公司	收款人	全称	南川机械有限责任公司
出票人账号	44087788822017851		账号	6216 6128 0000 4472 888
付款行全称	中国工商银行蕴含路支行		开户银行	中国工商银行大面支行
出票金额	人民币（大写）肆万柒仟肆佰陆拾元整			¥47 460.00
汇票到期日（大写）	贰零贰伍年零伍月壹拾贰日	付款行	行号 / 地址	
承兑协议编号	35064864			

本汇票请你行承兑，到期无条件付款。（天府机器有限公司 财务专用章）（发票人签章：王永）

本汇票已经承兑，到期日由本行付款。（中国工商银行承兑行签章/汇票专用章）

密押　承兑日期　年　月　日　复核　记账

此联收款人开户行随托收凭证寄付款行作借方凭证附件

出库单

No. 01560912

单位：天府机器有限公司　　　2024 年 11 月 12 日

编号	品名	规格	单位	数量	单价	金额	备注
	圆钢		吨	2			
	合计						

仓库主管：　　记账：　　保管：王守一　　经手人：　　制单：王守一

第二联：记账联

4. 2024 年 11 月 19 日，向天府商报支付广告费，取得专用发票注明广告费 20 000 元，增值税 1 200 元，款项已支付。

四川 增值税电子专用发票

发票代码：	087308402789	
发票号码：	41819259	
开票日期：	2024年11月19日	
校验码：	04899425877539716664	

机器编号： 998435426017

购买方	名　称：	南川机械有限责任公司	密码区	2563#48#963906361-960>6>61*>
	纳税人识别号：	91110223766756566Y		*--60%>-81304619#2*-86#22>-7
	地址、电话：	四川省成都市龙泉驿区1000号（028）84642043		4%>14259#17-01%0026#71#9>2#5
	开户行及账号：	中国工商银行大面支行6216612800004472888		97%4>5>9)213-0954-937334->#-

项目名称	规格型号	单位	数量	单价	金额	税率	税额
广告费			1	20,000.00	20,000.00	6%	1,200.00
合　计					¥20,000.00		¥1,200.00

价税合计（大写）　贰万壹仟贰佰元整　　　　　　　　　　　（小写）　¥21,200.00

销售方	名　称：	成都传媒有限公司	备注
	纳税人识别号：	521632125963256214	
	地址、电话：	中国工商银行科华路支行44087725422057567	
	开户行及账号：	中国工商银行科华路支行44087725422057567	

收款人：　　　　　复核：张宁　　　　开票人：陈虎

中国工商银行
转账支票存根
10201120
77294631

附加信息

出票日期 2024年 11月 19日
收款人：成都传媒有限公司
金　额：¥21,200.00
用　途：广告费
单位主管　　　会计

5. 2024年11月30日，结转成本。

（1）结转主营业务成本。

主营业务成本计算单   No.01560912

2024年11月30日   单位：元

编号	品名	规格	单位	数量	单价	金额	备注
	离心机		台	30	42 000	1 260 000.00	
		合计					

仓库主管：   记账：   保管：   经手人：   制单：

第二联：记账联

（2）结转其他业务成本。

其他业务成本计算单

2024年11月30日   单位：元

编号	品名	规格	单位	数量	单价	金额	备注
	圆钢		吨	2	20 000	40 000.00	
		合计					

仓库主管：   记账：   保管：   经手人：   制单：

六、识别税费及其他业务原始凭证，并编制会计分录

1. 2024年11月20日，采购员张胜利从成都到广州出差预借差旅费8 000元。

借款单

资金性质＿＿＿＿＿＿＿＿＿＿　　　　　　　　　　　　　　2024 年 11 月 20 日

借款单位	采购部		
借款理由	出差预借差旅费		
借款数额	人民币（大写）捌仟元整		￥8 000.00
本单位负责人意见　王青青　同意		借款人　张胜利	
领导指示： 张庆　同意	会计主管人员核批： 李毅凡　同意	年　月　日　以第　号 支票或现金支出凭单付给	

（现金付讫）

2. 2024 年 11 月 27 日，张胜利报销差旅费 8 100 元（其中往返机票各 1 800 元，住宿费 3 500 元，出差补助 1 000 元），差额 100 元已现金支付。其他发票略。

差旅费报销单

部门　采购部　　　　　　　2024 年 11 月 27 日

出差人	张胜利				出差事由						
出发		到达		交通工具	交通费		出差补贴		其他费用		
月日	时 地点	月日	时 地点		单据张数	金额	天数	金额	项目	单据张数	金额
12 20	成都	12 20	广东	飞机	1	1800.00	5	200.00	住宿费	1	3500.00
12 25	广东	12 25	成都	飞机	1	1800.00			市内车费		
									邮电通信费		
									夹卧铺补贴		
									其他		
合计						3600.00		1000.00			3500.00
报销总额	人民币（大写）捌仟壹佰元整				预借金额	￥8,000.00		补领金额	￥100.00		
								退还金额			

主管　　　　　审核　　　　　出纳　　　　　领款人

3. 2024 年 11 月 8 日，缴纳上月增值税 80 000 元。

中华人民共和国税收通用缴款书

（　）京国缴电　140766　（国）

隶属关系：

注册类型：有限责任公司　　　填发日期：　2024　年　11　月　08　日　　征收机关：成都龙泉驿区国家税务局

缴款单位（人）	代　码	91110223766756566Y		预算科目	编　码	
	全　称	南川机械有限责任公司			名　称	
	开户银行	中国工商银行大面支行			级　次	
	账　号	6216 6128 0000 4472 888		收款国库		成都市金库

税款所属日期　　2024　年　10　月　01　日至　31　日　　税款限缴时期　2024　年　11　月　15　日

品　目名　称	课税数量	计税金额或销售收入	税率或单位税额	已缴或扣除额	实缴金额
增值税		615,384.62	13%		80,000.00

金额合计（大写）　捌万元整

缴款单位（人）（盖章）经办人（章）	税务机关（盖章）　　（章）	上列款项已收妥并划转收款单位账户。国库（银行）盖章　　　　年　月　日	备注

逾期不缴按税法规定加收滞纳金

4. 2024 年 11 月 8 日，缴纳上月城市建设维护税 5 600 元和教育费附加 2 400 元。

5. 2024 年 11 月 30 日，计提当月城建税和教育费附加。

应交城建税、教育费附加、地方教育费附加计算表
2024 年 11 月 30 日

项目	计算基数	税率	金额
城市维护建设税	90 000	7%	6 300
教育费附加	90 000	3%	2 700

审核：陈佳敏　　　　记账：　　　　制单：李芳

任务2 填制原始凭证

【背景资料】同任务1。

【操作指导视频】

【任务要求】

1. 2024年12月10日,南川机械有限责任公司开出一张金额为45 000元转账支票,向华阳股份有限公司支付购货款。请填制转账支票。

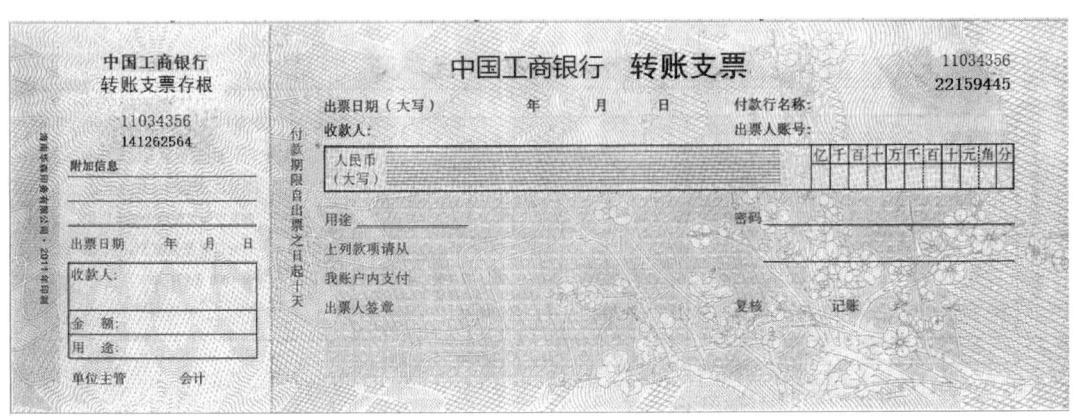

2. 2024年12月15日,总经办李华到北京参加学习预借差旅费6 000元。请填写借款单。

借款单

资金性质_____　　　　　　　年　月　日

借款单位	
借款理由	
借款数额	人民币（大写）　　　　　　　　　　　　　　¥_____
本单位负责人意见	借款人（签章）
领导指示：	会计主管人员核	付款记录： 　　　　　年　月　日　以第　号 　　　　　支票或现金支出凭单付给

3. 2024年11月20日，总经办王华出差归来报销费用。其中，往返机票为2 100元，市内交通费150元，出差补贴每天180元，住宿费2 500元（不含税）。请填写差旅费报销单。其他原始单据略。

差旅费报销单

报销部门：　　　　　　　　　　　　　　　　　　　报销日期：　年　月　日
出差人：　　　　　　　出差事由：

| 出差日期： | 年 | 月 | 日 至 | 年 | 月 | 日 共计： | 天 |

车船费					其他费用		
出发地	到达地	交通工具	附件张数	金额	项目	附件张数	金额
					住宿		
					餐饮		
					市内交通		
					通讯费		
					其他		
合计					合计		

费用合计：　　　　　　　　　　元　大写(人民币)：
预借差旅：　　　　　元　补领余额：　　　　　元　退还金额：　　　　　元
核实后报销金额：　　　　　　元　大写(人民币)：
审批：　　　财务主管：　　　会计：　　　部门主管：　　　领款人：

4. 2024年11月25日，收到职工李丽交来租用职工宿舍押金5 000元。

收款收据 No:81715719

年　月　日

交款单位或个人				
款项内容			收款方式	
人民币（大写）			现金收讫 	
收款单位盖章		收款人签字		经办人

第三联 记账联

任务3　编制记账凭证

【背景资料】同任务1。

【操作指导视频】

【任务要求】

假定南川机械有限责任公司采用通用记账凭证记账,请根据任务1中有关业务,逐笔编制通用记账凭证。

记账凭证
年　月　日　　　　　　　　　　记字第　号

摘要	总账科目	明细科目	√	借方金额（千百十万千百十元角分）	√	贷方金额（千百十万千百十元角分）
合计						

附单据　张

财务主管　　　记账　　　出纳　　　审核　　　制单

记账凭证

年　　月　　日　　　　　　　　　　　　记字第　　号

摘要	总账科目	明细科目	√	借方金额											√	贷方金额										
				千	百	十	万	千	百	十	元	角	分		千	百	十	万	千	百	十	元	角	分
合计																								

附单据　　张

财务主管　　　　　记账　　　　　出纳　　　　　审核　　　　　制单

记账凭证

年　　月　　日　　　　　　　　　　　　记字第　　号

摘要	总账科目	明细科目	√	借方金额											√	贷方金额										
				千	百	十	万	千	百	十	元	角	分		千	百	十	万	千	百	十	元	角	分
合计																								

附单据　　张

财务主管　　　　　记账　　　　　出纳　　　　　审核　　　　　制单

记账凭证

年　　月　　日　　　　　　　　　　　　记字第　　号

摘要	总账科目	明细科目	√	借方金额											√	贷方金额										
				千	百	十	万	千	百	十	元	角	分		千	百	十	万	千	百	十	元	角	分
合计																								

附单据　　张

财务主管　　　　　记账　　　　　出纳　　　　　审核　　　　　制单

记账凭证

年　　月　　日　　　　　　　　　　　　　记字第　　号

摘要	总账科目	明细科目	√	借方金额										√	贷方金额									
				千	百	十	万	千	百	十	元	角	分		千	百	十	万	千	百	十	元	角	分
合计																								

财务主管　　　　　记账　　　　　出纳　　　　　审核　　　　　制单

附单据　　张

记账凭证

年　　月　　日　　　　　　　　　　　　　记字第　　号

摘要	总账科目	明细科目	√	借方金额										√	贷方金额									
				千	百	十	万	千	百	十	元	角	分		千	百	十	万	千	百	十	元	角	分
合计																								

财务主管　　　　　记账　　　　　出纳　　　　　审核　　　　　制单

附单据　　张

记账凭证

年　　月　　日　　　　　　　　　　　　　记字第　　号

摘要	总账科目	明细科目	√	借方金额										√	贷方金额									
				千	百	十	万	千	百	十	元	角	分		千	百	十	万	千	百	十	元	角	分
合计																								

财务主管　　　　　记账　　　　　出纳　　　　　审核　　　　　制单

附单据　　张

记账凭证

年　　月　　日　　　　　　　　　　　　记字第　　号

摘要	总账科目	明细科目	√	借方金额										√	贷方金额									
				千	百	十	万	千	百	十	元	角	分		千	百	十	万	千	百	十	元	角	分
合计																								

财务主管　　　　　　记账　　　　　　出纳　　　　　　审核　　　　　　制单

附单据　　　张

记账凭证

年　　月　　日　　　　　　　　　　　　记字第　　号

摘要	总账科目	明细科目	√	借方金额										√	贷方金额									
				千	百	十	万	千	百	十	元	角	分		千	百	十	万	千	百	十	元	角	分
合计																								

财务主管　　　　　　记账　　　　　　出纳　　　　　　审核　　　　　　制单

附单据　　　张

记账凭证

年　　月　　日　　　　　　　　　　　　记字第　　号

摘要	总账科目	明细科目	√	借方金额										√	贷方金额									
				千	百	十	万	千	百	十	元	角	分		千	百	十	万	千	百	十	元	角	分
合计																								

财务主管　　　　　　记账　　　　　　出纳　　　　　　审核　　　　　　制单

附单据　　　张

记账凭证

年　月　日　　　　　　　　　　　　记字第　　号

摘要	总账科目	明细科目	√	借方金额 千百十万千百十元角分	√	贷方金额 千百十万千百十元角分
合计						

附单据　　　张

财务主管　　　　记账　　　　出纳　　　　审核　　　　制单

记账凭证

年　月　日　　　　　　　　　　　　记字第　　号

摘要	总账科目	明细科目	√	借方金额 千百十万千百十元角分	√	贷方金额 千百十万千百十元角分
合计						

附单据　　　张

财务主管　　　　记账　　　　出纳　　　　审核　　　　制单

记账凭证

年　月　日　　　　　　　　　　　　记字第　　号

摘要	总账科目	明细科目	√	借方金额 千百十万千百十元角分	√	贷方金额 千百十万千百十元角分
合计						

附单据　　　张

财务主管　　　　记账　　　　出纳　　　　审核　　　　制单

记账凭证

年　　月　　日　　　　　　　　　　　　　记字第　　号

摘要	总账科目	明细科目	√	借方金额									√	贷方金额								
				千	百	十	万	千	百	十	元	角	分		千	百	十	万	千	百	十	元	角	分
合计																								

附单据　　张

财务主管　　　　　记账　　　　　出纳　　　　　审核　　　　　制单

记账凭证

年　　月　　日　　　　　　　　　　　　　记字第　　号

摘要	总账科目	明细科目	√	借方金额									√	贷方金额								
				千	百	十	万	千	百	十	元	角	分		千	百	十	万	千	百	十	元	角	分
合计																								

附单据　　张

财务主管　　　　　记账　　　　　出纳　　　　　审核　　　　　制单

记账凭证

年　　月　　日　　　　　　　　　　　　　记字第　　号

摘要	总账科目	明细科目	√	借方金额									√	贷方金额								
				千	百	十	万	千	百	十	元	角	分		千	百	十	万	千	百	十	元	角	分
合计																								

附单据　　张

财务主管　　　　　记账　　　　　出纳　　　　　审核　　　　　制单

记账凭证

年　　月　　日　　　　　　　　　　　　　记字第　　号

摘要	总账科目	明细科目	√	借方金额										√	贷方金额								
				千	百	十	万	千	百	十	元	角	分		千	百	十	万	千	百	十	元	角	分
合计																								

附单据　　张

财务主管　　　　　记账　　　　　出纳　　　　　审核　　　　　制单

记账凭证

年　　月　　日　　　　　　　　　　　　　记字第　　号

摘要	总账科目	明细科目	√	借方金额										√	贷方金额								
				千	百	十	万	千	百	十	元	角	分		千	百	十	万	千	百	十	元	角	分
合计																								

附单据　　张

财务主管　　　　　记账　　　　　出纳　　　　　审核　　　　　制单

记账凭证

年　　月　　日　　　　　　　　　　　　　记字第　　号

摘要	总账科目	明细科目	√	借方金额										√	贷方金额								
				千	百	十	万	千	百	十	元	角	分		千	百	十	万	千	百	十	元	角	分
合计																								

附单据　　张

财务主管　　　　　记账　　　　　出纳　　　　　审核　　　　　制单

记账凭证

年　　月　　日　　　　　　　　　　　　记字第　　号

摘要	总账科目	明细科目	√	借方金额											√	贷方金额									
				千	百	十	万	千	百	十	元	角	分		千	百	十	万	千	百	十	元	角	分
合计																								

附单据　　张

财务主管　　　　　　记账　　　　　　出纳　　　　　　审核　　　　　　制单

记账凭证

年　　月　　日　　　　　　　　　　　　记字第　　号

摘要	总账科目	明细科目	√	借方金额											√	贷方金额									
				千	百	十	万	千	百	十	元	角	分		千	百	十	万	千	百	十	元	角	分
合计																								

附单据　　张

财务主管　　　　　　记账　　　　　　出纳　　　　　　审核　　　　　　制单

记账凭证

年　　月　　日　　　　　　　　　　　　记字第　　号

摘要	总账科目	明细科目	√	借方金额											√	贷方金额									
				千	百	十	万	千	百	十	元	角	分		千	百	十	万	千	百	十	元	角	分
合计																								

附单据　　张

财务主管　　　　　　记账　　　　　　出纳　　　　　　审核　　　　　　制单

记账凭证

年　　月　　日　　　　　　　　　记字第　　号

摘要	总账科目	明细科目	√	借方金额 千百十万千百十元角分	√	贷方金额 千百十万千百十元角分
合计						

附单据　　张

财务主管　　　　记账　　　　出纳　　　　审核　　　　制单

记账凭证

年　　月　　日　　　　　　　　　记字第　　号

摘要	总账科目	明细科目	√	借方金额 千百十万千百十元角分	√	贷方金额 千百十万千百十元角分
合计						

附单据　　张

财务主管　　　　记账　　　　出纳　　　　审核　　　　制单

记账凭证

年　　月　　日　　　　　　　　　记字第　　号

摘要	总账科目	明细科目	√	借方金额 千百十万千百十元角分	√	贷方金额 千百十万千百十元角分
合计						

附单据　　张

财务主管　　　　记账　　　　出纳　　　　审核　　　　制单

记账凭证

年　　月　　日　　　　　　　　　　　　　　记字第　　号

摘要	总账科目	明细科目	√	借方金额 千 百 十 万 千 百 十 元 角 分	√	贷方金额 千 百 十 万 千 百 十 元 角 分
合计						

附单据　　　张

财务主管　　　　　记账　　　　　出纳　　　　　审核　　　　　制单

记账凭证

年　　月　　日　　　　　　　　　　　　　　记字第　　号

摘要	总账科目	明细科目	√	借方金额 千 百 十 万 千 百 十 元 角 分	√	贷方金额 千 百 十 万 千 百 十 元 角 分
合计						

附单据　　　张

财务主管　　　　　记账　　　　　出纳　　　　　审核　　　　　制单

记账凭证

年　　月　　日　　　　　　　　　　　　　　记字第　　号

摘要	总账科目	明细科目	√	借方金额 千 百 十 万 千 百 十 元 角 分	√	贷方金额 千 百 十 万 千 百 十 元 角 分
合计						

附单据　　　张

财务主管　　　　　记账　　　　　出纳　　　　　审核　　　　　制单

记账凭证

年　　月　　日　　　　　　　　　　　　　记字第　　号

摘要	总账科目	明细科目	√	借方金额									√	贷方金额									
				千	百	十	万	千	百	十	元	角	分		千	百	十	万	千	百	十	元	角	分
合计																								

财务主管　　　　　记账　　　　　出纳　　　　　审核　　　　　制单

附单据　　张

记账凭证

年　　月　　日　　　　　　　　　　　　　记字第　　号

摘要	总账科目	明细科目	√	借方金额									√	贷方金额									
				千	百	十	万	千	百	十	元	角	分		千	百	十	万	千	百	十	元	角	分
合计																								

财务主管　　　　　记账　　　　　出纳　　　　　审核　　　　　制单

附单据　　张

记账凭证

年　　月　　日　　　　　　　　　　　　　记字第　　号

摘要	总账科目	明细科目	√	借方金额									√	贷方金额									
				千	百	十	万	千	百	十	元	角	分		千	百	十	万	千	百	十	元	角	分
合计																								

财务主管　　　　　记账　　　　　出纳　　　　　审核　　　　　制单

附单据　　张

记账凭证

年　　月　　日　　　　　　　　　　　　　　　记字第　号

摘要	总账科目	明细科目	√	借方金额 千 百 十 万 千 百 十 元 角 分	√	贷方金额 千 百 十 万 千 百 十 元 角 分
合计						

附单据　　张

财务主管　　　　记账　　　　出纳　　　　审核　　　　制单

记账凭证

年　　月　　日　　　　　　　　　　　　　　　记字第　号

摘要	总账科目	明细科目	√	借方金额 千 百 十 万 千 百 十 元 角 分	√	贷方金额 千 百 十 万 千 百 十 元 角 分
合计						

附单据　　张

财务主管　　　　记账　　　　出纳　　　　审核　　　　制单

记账凭证

年　　月　　日　　　　　　　　　　　　　　　记字第　号

摘要	总账科目	明细科目	√	借方金额 千 百 十 万 千 百 十 元 角 分	√	贷方金额 千 百 十 万 千 百 十 元 角 分
合计						

附单据　　张

财务主管　　　　记账　　　　出纳　　　　审核　　　　制单

记账凭证

年　　月　　日　　　　　　　　　　　　记字第　　号

摘要	总账科目	明细科目	√	借方金额									√	贷方金额									
				千	百	十	万	千	百	十	元	角	分		千	百	十	万	千	百	十	元	角	分
合计																								

财务主管　　　　　　记账　　　　　　出纳　　　　　　审核　　　　　　制单

附单据　　张

记账凭证

年　　月　　日　　　　　　　　　　　　记字第　　号

摘要	总账科目	明细科目	√	借方金额									√	贷方金额									
				千	百	十	万	千	百	十	元	角	分		千	百	十	万	千	百	十	元	角	分
合计																								

财务主管　　　　　　记账　　　　　　出纳　　　　　　审核　　　　　　制单

附单据　　张

记账凭证

年　　月　　日　　　　　　　　　　　　记字第　　号

摘要	总账科目	明细科目	√	借方金额									√	贷方金额									
				千	百	十	万	千	百	十	元	角	分		千	百	十	万	千	百	十	元	角	分
合计																								

财务主管　　　　　　记账　　　　　　出纳　　　　　　审核　　　　　　制单

附单据　　张

记账凭证

　　　　　　　　　年　　月　　日　　　　　　　　　　　记字第　　号

摘要	总账科目	明细科目	√	借方金额									√	贷方金额								
				千	百	十	万	千	百	十	元	角	分		千	百	十	万	千	百	十	元	角	分
合计																								

附单据　　　张

财务主管　　　　　　记账　　　　　　出纳　　　　　　审核　　　　　　制单

记账凭证

　　　　　　　　　年　　月　　日　　　　　　　　　　　记字第　　号

摘要	总账科目	明细科目	√	借方金额									√	贷方金额								
				千	百	十	万	千	百	十	元	角	分		千	百	十	万	千	百	十	元	角	分
合计																								

附单据　　　张

财务主管　　　　　　记账　　　　　　出纳　　　　　　审核　　　　　　制单

记账凭证

　　　　　　　　　年　　月　　日　　　　　　　　　　　记字第　　号

摘要	总账科目	明细科目	√	借方金额									√	贷方金额								
				千	百	十	万	千	百	十	元	角	分		千	百	十	万	千	百	十	元	角	分
合计																								

附单据　　　张

财务主管　　　　　　记账　　　　　　出纳　　　　　　审核　　　　　　制单

项目三　会计账簿实训

任务1　启用与登记会计账簿

【背景资料】

1. 会计主体基本情况。

会计主体：成都艾力克有限公司

公司地址：四川省成都市白桦林路28号

公司电话：028—87352807

统一社会信用代码：911102237238765237

开户银行及账号：中国工商银行春熙路分理处，账号为4405 8612 3768

公司法定代表人：黄崔，财务主管：陈宸，出纳：朱博，会计：陈乐

账簿启用日期：2024年1月1日

2. 账户余额表。

总账余额表

2024年10月31日　　　　　　　　　　　　　　　　　　　　　　　　单位：元

科目名称	借方	贷方
库存现金	10 000.00	
银行存款	500 000.00	
应收账款	500 000.00	
应收票据	100 000.00	
原材料	400 000.00	
生产成本	30 000.00	
库存商品	600 000.00	
固定资产	1 700 000.00	
累计折旧		100 000.00
短期借款		200 000.00

续表

科目名称	借方	贷方
应付账款		600 000.00
应付职工薪酬		100 000.00
应交税费		10 000.00
实收资本		1 200 000.00
盈余公积		230 000.00
本年利润		1 400 000.00
合计	3 840 000.00	3 840 000.00

日记账余额表

2024 年 10 月 30 日　　　　　　　　　　　　　　　　单位：元

日记账科目	方向	金额
库存现金	借方	10 000.00
银行存款	借方	500 000.00

"原材料"明细账余额表

2024 年 10 月 31 日　　　　　　　　　　　　　　　　单位：元

明细科目	单位	数量	单价	金额
布料	米	20 000	20	400 000.00

"库存商品"明细账余额表

2024 年 10 月 31 日　　　　　　　　　　　　　　　　单位：元

明细科目	单位	数量	单价	金额
阳光牌男装	件	3 000	200	600 000.00

"生产成本"明细账余额表

2024 年 10 月 31 日　　　　　　　　　　　　　　　　单位：元

产品名称	直接材料	直接人工	制造费用	合计
阳光牌男装	15 000	10 000	5 000	30 000.00

"应收账款"明细账余额表

2024 年 10 月 31 日　　　　　　　　　　　　　　　　单位：元

明细科目	方向	金额
友谊商贸公司	借方	500 000.00

3. 操作指导视频。

【任务要求】

1. 请根据背景资料正确填制库存现金日记账账簿启用表。假设本账簿共计200页。

账 簿 启 用 表

单位名称										单位盖章	
账簿名称											
账簿编号			年 总 册 第 册								
账簿页数			页								
启用日期			年 月 日								
经管人员	财务负责人			主办会计			记账				
	职别	姓名	盖章	职别	姓名	盖章	职别	姓名	盖章		
交接记录	职称	姓名		接管			移交			印花票粘贴处	
			年	月	日	盖章	年	月	日	盖章	

2. 请根据背景资料开设应收账款、短期借款和管理费用的总账。

总分类账

科目名称_____

年		凭证		摘要	借方	贷方	借或贷	余额
月	日	种类	号数					

总分类账

科目名称_____

年		凭证		摘要	借方	贷方	借或贷	余额
月	日	种类	号数					

总分类账

科目名称_____

年		凭证		摘要	借方	贷方	借或贷	余额
月	日	种类	号数					

3. 请根据背景资料开设库存现金日记账和银行存款日记账。

库存现金日记账

年		记账凭证		对方科目	摘要	借方										贷方										√	余额									
月	日	字	号			千	百	十	万	千	百	十	元	角	分	千	百	十	万	千	百	十	元	角	分		千	百	十	万	千	百	十	元	角	分

银行存款日记账

开户行：
账号：

年		记账凭证		对方科目	摘要	结算凭证		借方									贷方									借或贷	余额								
月	日	字	号			种类	号码	千	百	十	万	千	百	十	元	角	分	千	百	十	万	千	百	十	元	角	分		千	百	十	万	千	百	十	元	角	分

4. 请根据背景资料，选择合适的账页格式开设应收账款、原材料和生产成本明细账。

应收账款　明细账

第____页

二级科目或明细科目_____

年		凭证		摘要	借方										贷方										借或贷	余额									
月	日	种类	号数		千	百	十	万	千	百	十	元	角	分	千	百	十	万	千	百	十	元	角	分		千	百	十	万	千	百	十	元	角	分

原材料 明细账

第___页

规格_____ 编 号_____ 储备定额_____ 类 别_____ 最高储存量_____
名称_____ 计量单位_____ 计划单位_____ 存放地点_____ 最低储存量_____

年		凭证		摘要	收入			发出			结存		
月	日	种类	号数		数量	单价	金额 千百十万千百十元角分	数量	单价	金额 千百十万千百十元角分	数量	单价	金额 千百十万千百十元角分

生产成本明细账

计量单位 _____ 编号 _____ 总页 _____
完工产量 _____ 车间 _____
                  产品名称 _____

年	月	凭证		摘要	成本项目			合计
		种类	号数		直接材料	直接人工	制造费用	
					千百十万千百十元角分	千百十万千百十元角分	千百十万千百十元角分	千百十万千百十元角分

5. 请将艾力克公司 2024 年 11 月发生的如下三笔业务登记入账（注意：只登记"库存现金日记账""银行存款日记账""应收账款明细账""原材料明细账"）。

（1）提取备用金。

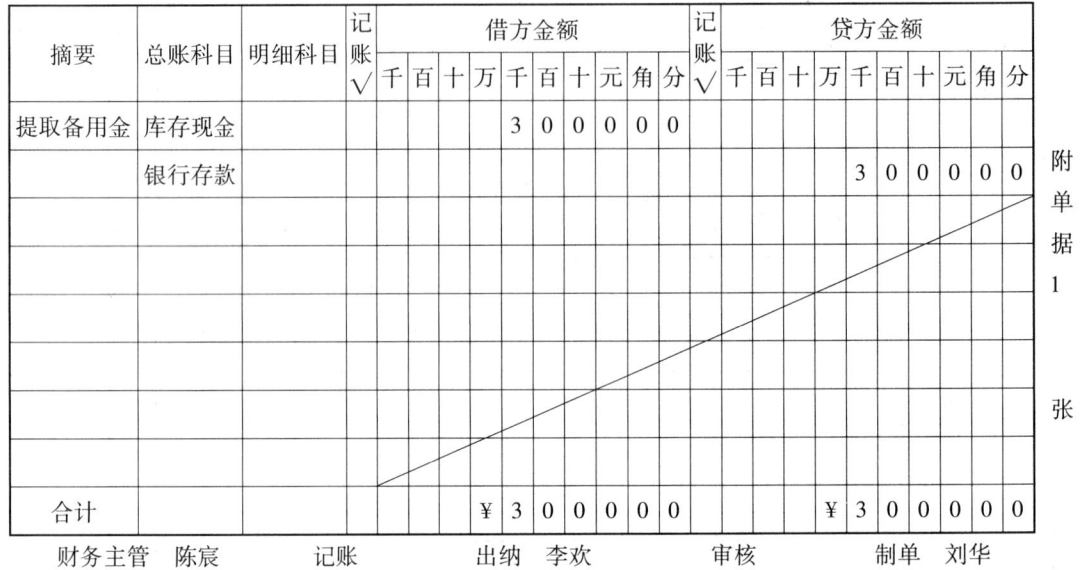

（2）收到华信公司前欠货款。

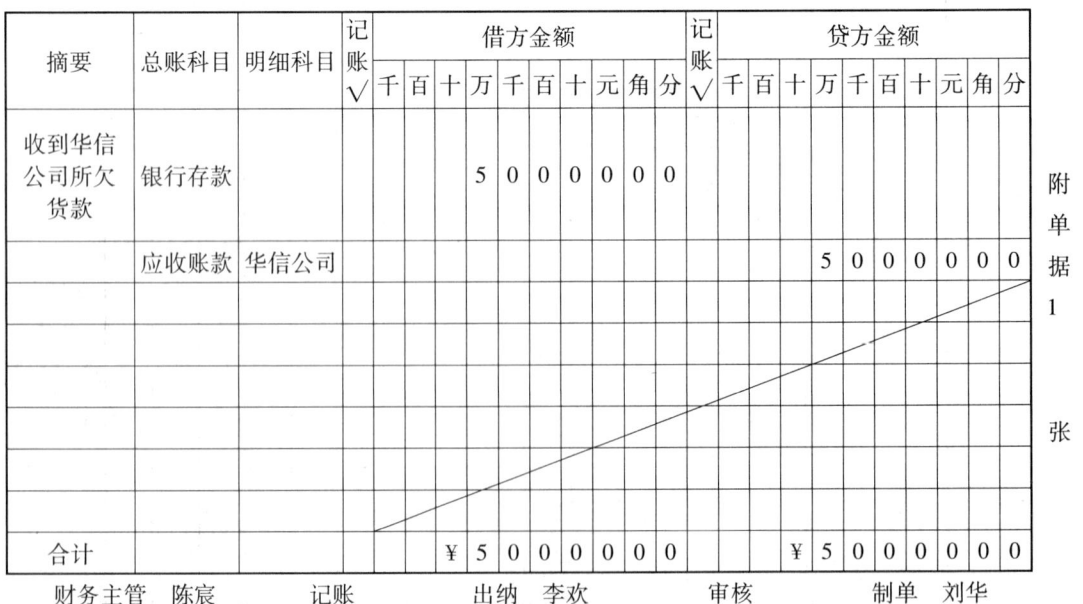

（3）生产男装领用原材料。

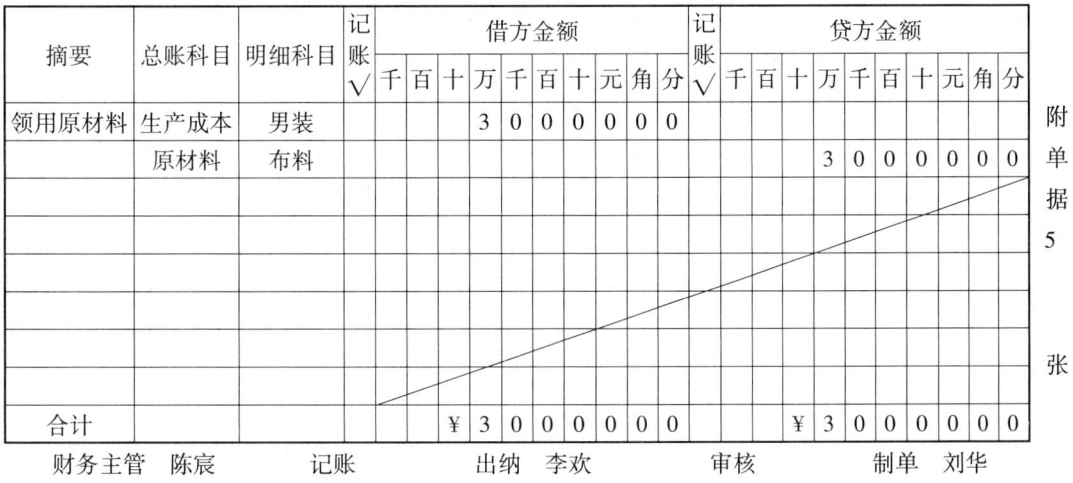

任务2　结账实训

【背景资料】 同任务1。

【任务要求】

1. 2024年11月30日，完成"应付账款"总账结账工作。

总分类账　　　　　　　　　　　1

科目名称　应付账款

2024年		凭证		摘要	借方										贷方										借或贷	余额									
月	日	种类	号数		亿	千	百	十	万	千	百	十	元	角	分	亿	千	百	十	万	千	百	十	元	角	分		亿	千	百	十	万	千	百	十	元	角	分
11	1			期初余额																							贷				1	0	0	0	0	0	0
	2	记	3	归还上月货款					4	0	0	0	0	0													贷					6	0	0	0	0	0
	15	记	25	购进原材料，货款未付																5	0	0	0	0	0		贷				1	1	0	0	0	0	0
	20	记	28	归还上月货款					6	0	0	0	0	0													贷					5	0	0	0	0	0

2. 2024年11月30日，完成"资本公积"总账结账工作。

总分类账 1

科目名称　资本公积

2024年		凭证		摘要	借方										贷方										借或贷	余额									
月	日	种类	号数		亿	千	百	十	万	千	百	十	元	角	分	亿	千	百	十	万	千	百	十	元	角	分		亿	千	百	十	万	千	百	十	元	角	分
11	1			期初余额																							贷				8	0	0	0	0	0

3. 2024年11月30日，完成"库存现金"日记账的结账工作。

库存现金日记账

2024年		凭证		对方科目	摘要	借方									贷方									√	余额								
月	日	字	号			千	百	十	万	千	百	十	元	角	分	千	百	十	万	千	百	十	元	角	分		千	百	十	万	千	百	十	元	角	分
11	01				期初余额																									8	0	0	0	0	0
11	03	记	7	管理费用																1	0	0	0	0	0					7	0	0	0	0	0
		记	8	其他应收款																3	0	0	0	0	0					4	0	0	0	0	0
11	03				本日小计															4	0	0	0	0	0					4	0	0	0	0	0
11	07	记	15	银行存款					6	0	0	0	0	0																1	0	0	0	0	0
11	07				本日小计				6	0	0	0	0	0																1	0	0	0	0	0
11	20	记	34	管理费用																1	0	0	0	0	0					9	0	0	0	0	0
11	20	记	35	管理费用																2	0	0	0	0	0					7	0	0	0	0	0
11	20	记	36	管理费用																	9	0	0	0	0					6	1	0	0	0	0
11	20				本日小计															3	9	0	0	0	0					6	1	0	0	0	0
11	29	记	40	其他应收款					3	0	0	0	0	0																9	1	0	0	0	0
11	29				本日小计				3	0	0	0	0	0																9	1	0	0	0	0

4. 2024年11月30日，完成"原材料"明细账的结账工作。

原材料 明细账

第___页

名称 面粉 规格___ 编号___ 计量单位 千克 储备定额___ 计划单位___ 类别___ 存放地点___ 最高储存量___ 最低储存量___

2024年		凭证		摘要	收入			发出			结存		
月	日	种类	号数		数量	单价	金额 千百十万千百十元角分	数量	单价	金额 千百十万千百十元角分	数量	单价	金额 千百十万千百十元角分
11	01			期初余额							50 000	0.8	4 0 0 0 0 0 0
11	08	记	10	基本生产车间领用				15 000	0.8	1 2 0 0 0 0 0	35 000	0.8	2 8 0 0 0 0 0
11	15	记	20	从成都新好公司购入	20 000	0.8	1 6 0 0 0 0 0				55 000	0.8	4 4 0 0 0 0 0
11	20	记	25	基本生产车间领用				35 000	0.8	2 8 0 0 0 0 0	20 000	0.8	1 6 0 0 0 0 0

5. 2024年11月30日，完成"生产成本"明细账的结账工作（注：产品全部生产完工入库）。

生产成本明细账

计量单位：盒　　　　　　　　　　　　　　　　　　　　　　　　编号_____
完工产量_____　　　　　　　　　　　　　　　　　　　　　　车间_____ 总页_____
　　　　　　　　　　　　　　　　　　　　　　　　　　　　　　产品名称_____

2024年		凭证		摘要	成本项目			
月	日	种类	号数		直接材料	直接人工	制造费用	合计
11	01			期初余额	5000.00			75000.00
11	10	记	18	领用原材料	20000.00			20000.00
11	25	记	40	水电费			5000.00	5000.00
11	28	记	45	计提生产工人工资		8000.00		8000.00
11	30	记	48	分配制造费用			1200.00	1200.00
11	30			本月期初余额和发生额合计				
11	30			结转完工产品				
11	30			月末在产品成本				

6. 2024年11月30日，完成"管理费用"明细账的结账工作。

管理费用明细账

总第_____页 分第_____页

一级科目编号及名称_____
二级科目编号及名称_____

2017年		凭证		摘要	差旅费 百十万千百十元角分	折旧费 百十万千百十元角分	管理人员工资 百十万千百十元角分	办公费 百十万千百十元角分	合计 百十万千百十元角分
月	日	种类	号数						
12	4	记	7	办公室购买办公用品				5 0 0 0 0	5 0 0 0 0
	10	记	20	经理王某出差	2 0 0 0 0 0				2 0 0 0 0 0
	18	记	30	副经理张某出差	1 0 0 0 0 0				1 0 0 0 0 0
	27	记	44	计提固定资产折旧费		1 5 0 0 0 0			1 5 0 0 0 0
	28	记	30	计提管理人员工资			3 0 0 0 0 0		3 0 0 0 0 0
	31			本月小计					
	31			结转损益					

7. 2024 年 11 月 30 日，完成"应收账款"明细账的结账工作。

应收账款　明细账

第____页
二级科目或明细科目<u>成都威远连锁集团</u>

2024年		凭证		摘要	借方									贷方									借或贷	余额								
月	日	种类	号数		千	百	十	万	千	百	十	元	角	分	千	百	十	万	千	百	十	元	角	分		千	百	十	万	千	百	十	元	角	分
11	1			期初余额																					借					8	0	0	0	0	0
	5	记	3	收到上月所欠货款															8	0	0	0	0	0	平								─0─		
	12	记	25	销售商品，货款未收					5	0	0	0	0	0											借					5	0	0	0	0	0

项目四　财产清查实训

【背景资料】

凯嘉公司2024年12月的银行存款日记账和银行对账单数据如下。

【任务要求】

编制银行存款余额调节表。

银行存款日记账

开户行：交通银行成都东城支行
账号：51402008724998257 89278

2024年		记账凭证		对方科目	摘要	结算凭证		借方	贷方	余额
月	日	字	号			种类	号码			
12	1				承前页					380500.00
12	3	记	4	(略)	付贷款	转支	#3603		48000.00	332500.00
12	4	记	5	(略)	付贷款	转支	#2003		36800.00	295700.00
12	5	记	7	(略)	提取现金	现支	#8653		4000.00	291700.00
12	10	记	8	(略)	支付广告费	转支	#3605		37200.00	254500.00
12	12	记	9	(略)	收回款项	电汇	#8794	28300.00		282800.00
12	16	记	10	(略)	支付保险费	转支	#3609		40000.00	242800.00
12	24	记	12	(略)	代垫费用	转支	#3330		6000.00	236800.00
12	29	记	22	(略)	预付差旅费	转支	#8655		3500.00	233300.00
12	31	记	34	(略)	收回款项	电汇	#1124	18950.00		252250.00
12	31	记	35	(略)	购入设备	电汇	#2005		57400.00	194850.00
12	31	记	43	(略)	代收费用	电汇	#8461	9538.00		290230.00
12	31	记	49	(略)	购办公用品	电汇	#3614		6000.00	289630.00
12	31	记	50	(略)	支付办公费	电汇	#3017		3800.00	285830.00
12	31	记	51	(略)	预付款项	电汇	#6547		5000.00	235830.00
12	31	记	52	(略)	收回款项	电汇	#1324	17390.00		253220.00
12	31	记	56	(略)	预付差旅费	电汇	#3578		2780.00	250440.00
12	31				本月合计			38762.00	390080.00	250440.00

交通银行成都东城支行 银行对账单

户名：凯嘉公司
账号：5140200872499825789278
2024年12月31日止
第1页
利率： %

日期	摘要	结算凭证 种类	结算凭证 号数	借方	贷方	余额
2024-12-01	承前页					380 500.00
2024-12-03	付货款	转支	#3603	48 000.00		332 500.00
2024-12-05	提现金	现支	#8653	4 000.00		328 500.00
2024-12-10	支付广告费	转支	#3605	37 200.00		291 300.00
2024-12-12	存款利息	电汇	#1408		5 900.00	297 200.00
2024-12-15	付差旅费	现支	#8655	3 500.00		293 700.00
2024-12-16	付保险费	转支	#3609	40 000.00		253 700.00
2024-12-16	代收费用	电汇	#8461		95 380.00	349 080.00
2024-12-20	付用品费	转支	#3614	600.00		348 480.00
2024-12-21	付货款	转支	#2003	36 800.00		311 680.00
2024-12-22	付电话费	电汇	#5721	3 800.00		307 880.00
2024-12-25	付水电费	电汇	#1195	4 800.00		303 080.00
2024-12-28	付办公费	电汇	#3017	3 800.00		299 280.00
2024-12-29	付差旅费	电汇	#1902	3 500.00		295 780.00
2024-12-31	代收费用	电汇	#1009		4 000.00	299 780.00
2024-12-31	购设备	电汇	#2005	57 400.00		242 380.00
2024-12-31	本月合计			243 400.00	105 280.00	242 380.00

银行存款余额调节表

编制单位：　　　　　　　　　　　　　　年　月　日　　　　　　　　　　　　　　单位：元

项目	凭证号	金额	项目	凭证号	金额
企业银行存款日记账余额			银行对账单余额		
加：银行已收、企业未收的款项合计			加：企业已收、银行未收的款项合计		
1.			1.		
2.			2.		
3.			3.		
4.			4.		
5.			5.		
6.			6.		
7.			7.		
减：银行已付、企业未付的款项合计			减：企业已付、银行未付的款项合计		
1.			1.		
2.			2.		
3.			3.		
4.			4.		
5.			5.		
6.			6.		
7.			7.		
调节后余额			调节后余额		

项目五　会计报表实训

【背景资料】

1. 会计主体基本资料。

会计主体：海昌股份公司

公司地址：四川省成都市清江路 11 号

公司电话：028—86565258

统一社会信用代码：91110266266365258Y

开户银行及账号：中国工商银行清江支行，账号为 6216 6655 4276 3655 232

公司法定代表人：李杰，财务主管：刘兴旺，出纳：曹睿，会计：田华

公司采用表结法，适用的企业所得税税率为 25%，并假定会计和税法的规定不存在差异。

2. 海昌股份公司 2025 年 1 月 31 日结账后的账簿资料如下：

【操作指导视频】

总分类账

科目名称　主营业务收入

2025年		凭证		摘要	借方 亿千百十万千百十元角分	贷方 亿千百十万千百十元角分	借或贷	余额 亿千百十万千百十元角分
月	日	种类	号数					
1	31	科汇	1	1-31日发生额	5 0 0 0 0 0 0	8 3 0 0 0 0 0 0 0	贷	8 2 5 0 0 0 0 0 0
	31			本月合计	5 0 0 0 0 0 0	8 3 0 0 0 0 0 0 0	贷	8 2 5 0 0 0 0 0 0

总分类账

科目名称 __主营业务成本__

2025年		凭证		摘要	借方										贷方										借或贷	余额									
月	日	种类	号数		亿	千	百	十	万	千	百	十	元	角	分	亿	千	百	十	万	千	百	十	元	角	分		亿	千	百	十	万	千	百	十	元	角	分
1	31	科汇	1	1-31日发生额				4	6	0	0	0	0	0	0												借				4	6	0	0	0	0	0	0
	31			本月合计				4	6	0	0	0	0	0	0												借				4	6	0	0	0	0	0	0

总分类账

科目名称 __其他业务收入__

2025年		凭证		摘要	借方											贷方											借或贷	余额										
月	日	种类	号数		亿	千	百	十	万	千	百	十	元	角	分	亿	千	百	十	万	千	百	十	元	角	分		亿	千	百	十	万	千	百	十	元	角	分
1	31	科汇	1	1-31日发生额															8	6	0	0	0	0	0	0	贷				8	6	0	0	0	0	0	0
	31			本月合计															8	6	0	0	0	0	0	0	贷				8	6	0	0	0	0	0	0

总分类账

科目名称 __其他业务成本__

2025年		凭证		摘要	借方											贷方											借或贷	余额										
月	日	种类	号数		亿	千	百	十	万	千	百	十	元	角	分	亿	千	百	十	万	千	百	十	元	角	分		亿	千	百	十	万	千	百	十	元	角	分
1	31	科汇	1	1-31日发生额					5	2	0	0	0	0	0												借					5	2	0	0	0	0	0
	31			本月合计					5	2	0	0	0	0	0												借					5	2	0	0	0	0	0

总分类账

科目名称 __税金及附加__

2025年		凭证		摘要	借方										贷方										借或贷	余额									
月	日	种类	号数		亿	千	百	十	万	千	百	十	元	角	分	亿	千	百	十	万	千	百	十	元	角	分		亿	千	百	十	万	千	百	十	元	角	分
1	31	科汇	1	1-31日发生额					6	4	0	0	0	0	0												借					6	4	0	0	0	0	0
	31			本月合计					6	4	0	0	0	0	0												借					6	4	0	0	0	0	0

总分类账

科目名称 __销售费用__

2025年		凭证		摘要	借方										贷方										借或贷	余额									
月	日	种类	号数		亿	千	百	十	万	千	百	十	元	角	分	亿	千	百	十	万	千	百	十	元	角	分		亿	千	百	十	万	千	百	十	元	角	分
1	31	科汇	1	1-31日发生额				2	0	0	0	0	0	0	0												借				2	0	0	0	0	0	0	0
	31			本月合计				2	0	0	0	0	0	0	0												借				2	0	0	0	0	0	0	0

总分类账

科目名称 __管理费用__

2025年		凭证		摘要	借方										贷方										借或贷	余额									
月	日	种类	号数		亿	千	百	十	万	千	百	十	元	角	分	亿	千	百	十	万	千	百	十	元	角	分		亿	千	百	十	万	千	百	十	元	角	分
1	31	科汇	1	1-31日发生额				1	1	8	7	0	0	0	0												借				1	1	8	7	0	0	0	0
	31			本月合计				1	1	8	7	0	0	0	0												借				1	1	8	7	0	0	0	0

总分类账

科目名称 __财务费用__

2025年		凭证		摘要	借方										贷方										借或贷	余额									
月	日	种类	号数		亿	千	百	十	万	千	百	十	元	角	分	亿	千	百	十	万	千	百	十	元	角	分		亿	千	百	十	万	千	百	十	元	角	分
1	31	科汇	1	1-31日发生额					3	0	0	0	0	0	0						1	3	5	0	0	0	借					2	8	6	5	0	0	0
	31			本月合计					3	0	0	0	0	0	0						1	3	5	0	0	0	借					2	8	6	5	0	0	0

总分类账

科目名称 __公允价值变动损益__

2025年		凭证		摘要	借方										贷方										借或贷	余额									
月	日	种类	号数		亿	千	百	十	万	千	百	十	元	角	分	亿	千	百	十	万	千	百	十	元	角	分		亿	千	百	十	万	千	百	十	元	角	分
1	31	科汇	1	1-31日发生额				2	8	4	1	0	0	0	0												借				2	8	4	1	0	0	0	0
	31			本月合计				2	8	4	1	0	0	0	0												借				2	8	4	1	0	0	0	0

总分类账

科目名称 __资产减值损失__

2025年		凭证		摘要	借方										贷方										借或贷	余额									
月	日	种类	号数		亿	千	百	十	万	千	百	十	元	角	分	亿	千	百	十	万	千	百	十	元	角	分		亿	千	百	十	万	千	百	十	元	角	分
1	31	科汇	1	1-31日发生额					3	0	0	0	0	0	0												借					3	0	0	0	0	0	0
	31			本月合计					3	0	0	0	0	0	0												借					3	0	0	0	0	0	0

总分类账

科目名称 __投资收益__

2025年		凭证		摘要	借方 亿千百十万千百十元角分	贷方 亿千百十万千百十元角分	借或贷	余额 亿千百十万千百十元角分
月	日	种类	号数					
1	31	科汇	1	1-31日发生额		3 0 1 5 0 0 0 0	借	3 0 1 5 0 0 0 0
	31			本月合计		3 0 1 5 0 0 0 0	借	3 0 1 5 0 0 0 0

总分类账

科目名称 __营业外收入__

2025年		凭证		摘要	借方 亿千百十万千百十元角分	贷方 亿千百十万千百十元角分	借或贷	余额 亿千百十万千百十元角分
月	日	种类	号数					
1	31	科汇	1	1-31日发生额		7 0 0 0 0 0	贷	7 0 0 0 0 0
	31			本月合计		7 0 0 0 0 0	贷	7 0 0 0 0 0

总分类账

科目名称 __营业外支出__

2025年		凭证		摘要	借方 亿千百十万千百十元角分	贷方 亿千百十万千百十元角分	借或贷	余额 亿千百十万千百十元角分
月	日	种类	号数					
1	31	科汇	1	1-31日发生额	2 7 6 0 0 0 0		借	2 7 6 0 0 0 0
	31			本月合计	2 7 6 0 0 0 0		借	2 7 6 0 0 0 0

总分类账

科目名称 __所得税费用__

2025年		凭证		摘要	借方										贷方										借或贷	余额									
月	日	种类	号数		亿	千	百	十	万	千	百	十	元	角	分	亿	千	百	十	万	千	百	十	元	角	分		亿	千	百	十	万	千	百	十	元	角	分
1	31	科汇	1	1-31日发生额				3	3	6	5	7	5	0	0												借				3	3	6	5	7	5	0	0
	31			本月合计				3	3	6	5	7	5	0	0												借				3	3	6	5	7	5	0	0

总分类账

科目名称 __库存现金__

2025年		凭证		摘要	借方										贷方										借或贷	余额									
月	日	种类	号数		亿	千	百	十	万	千	百	十	元	角	分	亿	千	百	十	万	千	百	十	元	角	分		亿	千	百	十	万	千	百	十	元	角	分
1	01			期初余额																							借						8	0	0	0	0
	31	科汇	1	1-31日发生额					7	2	0	0	0	0	0					7	2	3	0	0	0	0	借						5	0	0	0	0
	31			本月合计					7	2	0	0	0	0	0					7	2	3	0	0	0	0	借						5	0	0	0	0

总分类账

科目名称 __银行存款__

2025年		凭证		摘要	借方										贷方										借或贷	余额									
月	日	种类	号数		亿	千	百	十	万	千	百	十	元	角	分	亿	千	百	十	万	千	百	十	元	角	分		亿	千	百	十	万	千	百	十	元	角	分
1	01			期初余额																							借			3	5	5	8	0	0	0	0
	31	科汇	1	1-31日发生额			4	6	8	3	0	5	0	0	0				3	0	2	4	2	7	2	0	0	借			2	0	1	4	5	7	8	0	0
	31			本月合计			4	6	8	3	0	5	0	0	0				3	0	2	4	2	7	2	0	0	借			2	0	1	4	5	7	8	0	0

总分类账

科目名称 __其他货币资金__

2025年		凭证		摘要	借方 亿千百十万千百十元角分	贷方 亿千百十万千百十元角分	借或贷	余额 亿千百十万千百十元角分
月	日	种类	号数					
1	01			期初余额			借	5 5 8 0 0 0 0
	31	科汇	1	1-31日发生额	5 8 3 0 5 0 0 0	4 5 1 6 0 0 0 0	借	1 8 7 5 0 0 0 0
	31			本月合计	5 8 3 0 5 0 0 0	4 5 1 6 0 0 0 0	借	1 8 7 5 0 0 0 0

总分类账

科目名称 __交易性金融资产__

2025年		凭证		摘要	借方 亿千百十万千百十元角分	贷方 亿千百十万千百十元角分	借或贷	余额 亿千百十万千百十元角分
月	日	种类	号数					
1	01			期初余额			借	6 9 3 2 0 0 0 0
	31	科汇	1	1-31日发生额		2 8 4 1 0 0 0 0	借	4 0 9 1 0 0 0 0
	31			本月合计		2 8 4 1 0 0 0 0	借	4 0 9 1 0 0 0 0

总分类账

科目名称 __预付账款__

2025年		凭证		摘要	借方 亿千百十万千百十元角分	贷方 亿千百十万千百十元角分	借或贷	余额 亿千百十万千百十元角分
月	日	种类	号数					
1	01			期初余额			借	3 6 0 0 0 0 0 0
	31	科汇	1	1-31日发生额	9 0 0 0 0 0 0	3 5 0 0 0 0 0 0	借	1 0 0 0 0 0 0 0
	31			本月合计	9 0 0 0 0 0 0	3 5 0 0 0 0 0 0	借	1 0 0 0 0 0 0 0

总分类账

科目名称 __应收账款__

2025年		凭证		摘要	借方 亿千百十万千百十元角分	贷方 亿千百十万千百十元角分	借或贷	余额 亿千百十万千百十元角分
月	日	种类	号数					
1	01			期初余额			借	2 6 0 0 0 0 0 0
	31	科汇	1	1-31日发生额	3 4 0 0 0 0 0 0		借	6 0 0 0 0 0 0
	31			本月合计	3 4 0 0 0 0 0 0		借	6 0 0 0 0 0 0

总分类账

科目名称 __坏账准备__

2025年		凭证		摘要	借方 亿千百十万千百十元角分	贷方 亿千百十万千百十元角分	借或贷	余额 亿千百十万千百十元角分
月	日	种类	号数					
1	01			期初余额			贷	1 0 0 0 0 0
	31	科汇	1	1-31日发生额		1 9 0 0 0 0 0	贷	2 0 0 0 0 0 0
	31			本月合计		1 9 0 0 0 0 0	贷	2 0 0 0 0 0 0

注：本单位只针对"应收账款"计提坏账准备。

总分类账

科目名称 __材料采购__

2025年		凭证		摘要	借方 亿千百十万千百十元角分	贷方 亿千百十万千百十元角分	借或贷	余额 亿千百十万千百十元角分
月	日	种类	号数					
1	01			期初余额			借	4 2 5 0 0 0 0
	31	科汇	1	1-31日发生额	1 0 0 0 0 0 0 0	6 0 0 0 0 0 0	借	8 2 5 0 0 0 0
	31			本月合计	1 0 0 0 0 0 0 0	6 0 0 0 0 0 0	借	8 2 5 0 0 0 0

总分类账

科目名称 __原材料__

2025年		凭证		摘要	借方										贷方										借或贷	余额									
月	日	种类	号数		亿	千	百	十	万	千	百	十	元	角	分	亿	千	百	十	万	千	百	十	元	角	分		亿	千	百	十	万	千	百	十	元	角	分
1	01			期初余额																							借					9	6	0	0	0	0	0	0
	31	科汇	1	1-31日发生额				3	5	2	0	0	0	0	0					3	1	2	0	0	0	0	0	借				1	3	6	0	0	0	0	0
	31			本月合计				3	5	2	0	0	0	0	0					3	1	2	0	0	0	0	0	借				1	3	6	0	0	0	0	0

总分类账

科目名称 __周转材料__

2025年		凭证		摘要	借方											贷方											借或贷	余额										
月	日	种类	号数		亿	千	百	十	万	千	百	十	元	角	分	亿	千	百	十	万	千	百	十	元	角	分		亿	千	百	十	万	千	百	十	元	角	分
1	01			期初余额																							借					8	5	0	0	0	0	0
	31	科汇	1	1-31日发生额																	9	9	5	0	0	0	借					7	5	0	5	0	0	0
	31			本月合计																	9	9	5	0	0	0	借					7	5	0	5	0	0	0

总分类账

科目名称 __库存商品__

2025年		凭证		摘要	借方											贷方											借或贷	余额										
月	日	种类	号数		亿	千	百	十	万	千	百	十	元	角	分	亿	千	百	十	万	千	百	十	元	角	分		亿	千	百	十	万	千	百	十	元	角	分
1	01			期初余额																							借						7	0	0	0	0	0
	31	科汇	1	1-31日发生额				2	4	3	0	0	0	0	0				1	6	7	5	0	0	0	0	借					8	2	5	0	0	0	0
	31			本月合计				2	4	3	0	0	0	0	0				1	6	7	5	0	0	0	0	借					8	2	5	0	0	0	0

总分类账

科目名称　生产成本

2025年		凭证		摘要	借方										贷方										借或贷	余额									
月	日	种类	号数		亿	千	百	十	万	千	百	十	元	角	分	亿	千	百	十	万	千	百	十	元	角	分		亿	千	百	十	万	千	百	十	元	角	分
1	01			期初余额																							借				5	2	0	0	0	0	0	0
	31	科汇	1	1-31日发生额				6	4	1	6	0	0	0	0				6	5	5	0	0	0	0	0	借					3	8	6	0	0	0	0
	31			本月合计				6	4	1	6	0	0	0	0				6	5	5	0	0	0	0	0	借					3	8	6	0	0	0	0

总分类账

科目名称　固定资产

2025年		凭证		摘要	借方										贷方										借或贷	余额									
月	日	种类	号数		亿	千	百	十	万	千	百	十	元	角	分	亿	千	百	十	万	千	百	十	元	角	分		亿	千	百	十	万	千	百	十	元	角	分
1	01			期初余额																							借				5	6	0	1	0	0	0	0
	31	科汇	1	1-31日发生额					3	0	0	0	0	0	0												借				5	9	0	1	0	0	0	0
	31			本月合计					3	0	0	0	0	0	0												借				5	9	0	1	0	0	0	0

总分类账

科目名称　累计折旧

2025年		凭证		摘要	借方										贷方										借或贷	余额									
月	日	种类	号数		亿	千	百	十	万	千	百	十	元	角	分	亿	千	百	十	万	千	百	十	元	角	分		亿	千	百	十	万	千	百	十	元	角	分
1	01			期初余额																							贷					4	7	0	0	0	0	0
	31	科汇	1	1-31日发生额																2	0	0	0	0	0	0	贷					4	9	0	0	0	0	0
	31			本月合计																2	0	0	0	0	0	0	贷					4	9	0	0	0	0	0

总分类账

科目名称 __固定资产减值准备__

2025年		凭证		摘要	借方 亿千百十万千百十元角分	贷方 亿千百十万千百十元角分	借或贷	余额 亿千百十万千百十元角分
月	日	种类	号数					
1	01			期初余额			贷	9 0 0 0 0 0 0 0
	31	科汇	1	1-31日发生额		1 0 0 0 0 0 0 0	贷	1 0 0 0 0 0 0 0 0
	31			本月合计		1 0 0 0 0 0 0 0	贷	1 0 0 0 0 0 0 0 0

总分类账

科目名称 __在建工程__

2025年		凭证		摘要	借方 亿千百十万千百十元角分	贷方 亿千百十万千百十元角分	借或贷	余额 亿千百十万千百十元角分
月	日	种类	号数					
1	01			期初余额			借	8 0 0 0 0 0 0
	31	科汇	1	1-31日发生额	7 2 0 0 0 0 0 0 0		借	7 2 8 0 0 0 0 0 0
	31			本月合计	7 2 0 0 0 0 0 0 0		借	7 2 8 0 0 0 0 0 0

总分类账

科目名称 __工程物资__

2025年		凭证		摘要	借方 亿千百十万千百十元角分	贷方 亿千百十万千百十元角分	借或贷	余额 亿千百十万千百十元角分
月	日	种类	号数					
1	01			期初余额			借	1 0 0 0 0 0 0 0
	31	科汇	1	1-31日发生额	6 3 0 0 0 0 0 0	6 0 0 0 0 0 0 0	借	4 0 0 0 0 0 0 0
	31			本月合计	6 3 0 0 0 0 0 0	6 0 0 0 0 0 0 0	借	4 0 0 0 0 0 0 0

总分类账

科目名称 __长期股权投资__

2025年		凭证		摘要	借方										贷方										借或贷	余额									
月	日	种类	号数		亿	千	百	十	万	千	百	十	元	角	分	亿	千	百	十	万	千	百	十	元	角	分		亿	千	百	十	万	千	百	十	元	角	分
1	01			期初余额																							借			1	5	5	0	0	0	0	0	0
	31	科汇	1	1-31日发生额																3	0	0	0	0	0	0	借			1	2	5	0	0	0	0	0	0
	31			本月合计																3	0	0	0	0	0	0	借			1	2	5	0	0	0	0	0	0

总分类账

科目名称 __短期借款__

2025年		凭证		摘要	借方										贷方										借或贷	余额									
月	日	种类	号数		亿	千	百	十	万	千	百	十	元	角	分	亿	千	百	十	万	千	百	十	元	角	分		亿	千	百	十	万	千	百	十	元	角	分
1	01			期初余额																							贷				5	0	0	0	0	0	0	0
	31	科汇	1	1-31日发生额															1	5	0	0	0	0	0	0	贷			2	0	0	0	0	0	0	0	0
	31			本月合计															1	5	0	0	0	0	0	0	贷			2	0	0	0	0	0	0	0	0

总分类账

科目名称 __应付账款__

2025年		凭证		摘要	借方										贷方										借或贷	余额									
月	日	种类	号数		亿	千	百	十	万	千	百	十	元	角	分	亿	千	百	十	万	千	百	十	元	角	分		亿	千	百	十	万	千	百	十	元	角	分
1	01			期初余额																							贷				9	8	0	0	0	0	0	0
	31	科汇	1	1-31日发生额				5	0	3	1	6	0	0	0					7	4	0	0	0	0	0	0	贷			3	3	4	8	4	0	0	0	0
	31			本月合计				5	0	3	1	6	0	0	0					7	4	0	0	0	0	0	0	贷			3	3	4	8	4	0	0	0	0

总分类账

科目名称　应交税费

2025年		凭证		摘要	借方 亿千百十万千百十元角分	贷方 亿千百十万千百十元角分	借或贷	余额 亿千百十万千百十元角分
月	日	种类	号数					
1	01			期初余额			贷	8 0 0 0 0 0 0
	31	科汇	1	1-31日发生额	5 8 0 0 0 0 0 0	5 4 0 0 0 0 0 0	贷	4 0 0 0 0 0 0
	31			本月合计	5 8 0 0 0 0 0 0	5 4 0 0 0 0 0 0	贷	4 0 0 0 0 0 0

总分类账

科目名称　应付利息

2025年		凭证		摘要	借方 亿千百十万千百十元角分	贷方 亿千百十万千百十元角分	借或贷	余额 亿千百十万千百十元角分
月	日	种类	号数					
1	01			期初余额			贷	3 0 4 0 0 0 0 0
	31	科汇	1	1-31日发生额		3 1 4 0 0 0 0 0	贷	6 1 4 0 0 0 0 0
	31			本月合计		3 1 4 0 0 0 0 0	贷	6 1 4 0 0 0 0 0

总分类账

科目名称　长期借款

2025年		凭证		摘要	借方 亿千百十万千百十元角分	贷方 亿千百十万千百十元角分	借或贷	余额 亿千百十万千百十元角分
月	日	种类	号数					
1	01			期初余额			贷	3 4 6 0 0 0 0 0 0

注：将于一年内偿还的长期借款为800 000元。

总分类账

科目名称 __预计负债__

2025年		凭证		摘要	借方 亿千百十万千百十元角分	贷方 亿千百十万千百十元角分	借或贷	余额 亿千百十万千百十元角分
月	日	种类	号数					
1	01			期初余额			贷	3 0 0 0 0 0 0 0

总分类账

科目名称 __股本__

2025年		凭证		摘要	借方 亿千百十万千百十元角分	贷方 亿千百十万千百十元角分	借或贷	余额 亿千百十万千百十元角分
月	日	种类	号数					
1	01			期初余额			贷	1 2 9 4 9 9 7 0 0
	31	科汇	1	1-31日发生额		4 4 4 9 5 0 0 0 0	贷	5 7 4 4 5 0 0 0 0
	31			本月合计		4 4 4 9 5 0 0 0 0	贷	5 7 4 4 5 0 0 0 0

总分类账

科目名称 __盈余公积__

2025年		凭证		摘要	借方 亿千百十万千百十元角分	贷方 亿千百十万千百十元角分	借或贷	余额 亿千百十万千百十元角分
月	日	种类	号数					
1	01			期初余额			贷	2 1 0 0 0 0 0 0

总分类账

科目名称 __利润分配__

2025年		凭证		摘要	借方 亿千百十万千百十元角分	贷方 亿千百十万千百十元角分	借或贷	余额 亿千百十万千百十元角分
月	日	种类	号数					
1	01			期初余额			贷	1 4 6 4 6 0 3 0 0

【部分明细账】

应收账款明细账

第 __1__ 页

二级科目或明细科目 __博美公司__

年		凭证		摘要	借方 千百十万千百十元角分	贷方 千百十万千百十元角分	借或贷	余额 千百十万千百十元角分
月	日	种类	号数					
1	01			期初余额			借	2 6 0 0 0 0 0 0
	20			销售商品	3 4 0 0 0 0 0 0		借	6 0 0 0 0 0 0 0
	31			本月合计	3 4 0 0 0 0 0 0		借	6 0 0 0 0 0 0 0

应付账款明细账

第 __1__ 页

二级科目或明细科目 __华西公司__

年		凭证		摘要	借方 千百十万千百十元角分	贷方 千百十万千百十元角分	借或贷	余额 千百十万千百十元角分
月	日	种类	号数					
1	01			期初余额			贷	1 0 2 0 0 0 0 0
	14			购买材料		7 4 0 0 0 0 0 0	贷	8 4 2 0 0 0 0 0
	21			支付货款	4 7 7 1 6 0 0 0 0		贷	3 6 4 8 4 0 0 0
	31			本月合计	4 7 7 1 6 0 0 0 0	7 4 0 0 0 0 0 0	贷	3 6 4 8 4 0 0 0

应付账款明细账

第 __1__ 页

二级科目或明细科目__百悦公司__

年		凭证		摘要	借方									贷方									借或贷	余额								
月	日	种类	号数		千	百	十	万	千	百	十	元	角	分	千	百	十	万	千	百	十	元	角	分		千	百	十	万	千	百	十	元	角	分
1	1			期初余额																					借				4	0	0	0	0	0	0
	16			支付货款			2	6	0	0	0	0	0	0											借				3	0	0	0	0	0	0
	31			本月合计			2	6	0	0	0	0	0	0											借				3	0	0	0	0	0	0

预付账款明细账

第 __1__ 页

二级科目或明细科目__大海公司__

年		凭证		摘要	借方									贷方									借或贷	余额								
月	日	种类	号数		千	百	十	万	千	百	十	元	角	分	千	百	十	万	千	百	十	元	角	分		千	百	十	万	千	百	十	元	角	分
1	1			期初余额																					借				3	6	0	0	0	0	0
	6			预付账款				9	0	0	0	0	0	0											借				4	5	0	0	0	0	0
	19			购买材料														3	5	0	0	0	0	0	借				1	0	0	0	0	0	0
	31			本月合计				9	0	0	0	0	0	0				3	5	0	0	0	0	0	借				1	0	0	0	0	0	0

利润分配明细账

第 __1__ 页

二级科目或明细科目__未分配利润__

年		凭证		摘要	借方									贷方									借或贷	余额								
月	日	种类	号数		千	百	十	万	千	百	十	元	角	分	千	百	十	万	千	百	十	元	角	分		千	百	十	万	千	百	十	元	角	分
1	1			期初余额																					贷		1	4	6	4	6	0	3	0	0

【任务要求】

1. 根据上述资料编制海昌股份有限公司 2025 年 1 月 31 日资产负债表。
2. 根据上述资料编制海昌股份有限公司 2025 年 1 月利润表。

资产负债表

编制单位：　　　　　　　　　　　　　年　月　日　　　　　　　　　　　　单位：元

资产	年初数	期末数	负债和所有者权益	年初数	期末数
流动资产：			流动负债：		
货币资金			短期借款		
交易性金融资产			交易性金融负债		
衍生金融资产			衍生金融负债		
应收票据			应付票据		
应收账款			应付账款		
预付款项			预收款项		
其他应收款			合同负债		
存货			应付职工薪酬		
合同资产			应交税费		
持有待售资产			其他应付款		
一年内到期的非流动资产			持有待售负债		
其他流动资产			一年内到期的非流动负债		
流动资产合计			其他流动负债		
非流动资产：			流动负债合计		
债权投资			非流动负债：		
其他债权投资			长期借款		
长期应收款			应付债券		
长期股权投资			其中：优先股		
其他权益工具投资			永续股		
其他非流动金融资产			长期应付款		
投资性房地产			预计负债		

续表

资产	年初数	期末数	负债和所有者权益	年初数	期末数
固定资产			递延收益		
在建工程			递延所得税负债		
生产性生物资产			其他非流动负债		
油气资产			非流动负债合计		
无形资产			**负债合计**		
开发支出			所有者权益（或股东权益）：		
商誉			实收资本（或股本）		
长期待摊费用			其他权益工具		
递延所得税资产			其中：优先股		
其他非流动资产			永续股		
非流动资产合计			资本公积		
			减：库存股		
			其他综合收益		
			盈余公积		
			未分配利润		
			所有者权益合计		
资产总计			**负债和所有者权益总计**		

利润表

编制单位：　　　　　　　　　　　　年　月　　　　　　　　　　　　单位：元

项目	本期金额	本年累计金额
一、营业收入		
减：营业成本		
税金及附加		
销售费用		
管理费用		
研发费用		
财务费用		
其中：利息费用		
利息收入		
加：其他收益		
投资收益（损失以"-"号填列）		
净敞口套期收益（损失以"-"号填列）		
公允价值变动收益（损失以"-"号填列）		
信用减值损失（损失以"-"号填列）		
资产减值损失（损失以"-"号填列）		
资产处置收益（损失以"-"号填列）		
二、营业利润（亏损以"-"号填列）		
加：营业外收入		
减：营业外支出		
三、利润总额（亏损总额以"-"号填列）		
减：所得税费用		
四、净利润（净亏损以"-"号填列）		
五、其他综合收益的税后净额		
六、综合收益总额		
七、每股收益：		
（一）基本每股收益		
（二）稀释每股收益		

项目六 课程综合实训

【实训目的】

本项目将单项实训中识别与审核原始凭证、填制与审核记账凭证、登记会计账簿、财产清查和编制会计报表等会计技术结合起来，以成都佳好食品有限公司经济业务为载体，前后联系地完成整套账务处理，从而熟练掌握会计核算基本流程。

【实训要求】

1. 本实训安排在《会计基础》理论课讲授结束之后，实训时间约30学时。

2. 在指导教师辅导下，由每个学生独立完成整套账务处理。由于会计实训的特殊性，学生将在实训中兼任出纳及不同岗位的所有会计工作。

3. 本实训采用科目汇总表账务处理程序，学生操作步骤为：

（1）学习会计基础工作规范；

（2）根据期初余额资料建账，包括总账和明细账，总账无期初余额的待有发生额时再建账；

（3）处理经济业务时，识别与审核原始凭证，对部分不完善的原始凭证进行完善；

（4）根据经济业务填制记账凭证，假定增值税专用发票都通过了认证；

（5）根据记账凭证登记有关明细账；

（6）按月编制科目汇总表，并据以登记总账；

（7）所有业务登账完毕并对账后，按规定进行结账；

（8）编制有关总账与所属明细账本期发生额及余额对照表，检查总账与所属明细账的记录有无差错；编制试算平衡表，检查总账记录有无差错；

（9）会计专业的学生要求编制资产负债表和利润表；

（10）整理、装订会计资料。

4. 实训用材料准备。

实训材料名称	数量	实训材料名称	数量
通用记账凭证	2本	资产负债表	1份
总账账页	30张	利润表	1份

续表

实训材料名称	数量	实训材料名称	数量
现金日记账账页	1张	记账凭证封面	1张
银行存款日记账账页	1张	记账凭证包角	1张
数量金额式明细账账页	5张	长尾夹	2副
多栏式明细账账页	3张	蓝黑墨水笔	1支
生产成本明细账账页	2张	红墨水笔	1支
应交增值税明细账账页	2张	直尺	1把
三栏式明细账账页	28张	回形针或大头针	1盒
科目汇总表	4张	胶水	1瓶
试算平衡表	2张	裁纸刀	1把

【操作指导视频】

【实训资料】

一、单位基本情况

会计主体：成都佳好食品有限公司
公司地址：四川省成都市永兴路28号
公司电话：028—85536952
统一社会信用代码：510103862387652
开户行及账号：工商银行成都市分行佳好分理处，账号为440586123768
公司法定代表人：张鹏，财务主管：夏雨，出纳：余静，会计：王越
公司主要材料：面粉、玉米和调味包等
公司主要产品：佳好牌方便面和佳好牌营养玉米粉

二、内部会计制度

（一）会计工作组织

1. 会计核算采用借贷记账法，使用通用记账凭证。

2. 账务处理程序为"科目汇总表账务处理程序"，明细账根据原始凭证和记账凭证逐笔登记，根据科目汇总表登记总账。

3. 公司按会计制度规定开设总分类账簿、明细分类账簿、现金和银行存款日记账。

4. 公司按规定定期编制资产负债表、利润表等会计报表。

（二）内部会计制度

1. 货币资金：设置现金、银行存款日记账，银行存款日记账按银行账户设置明细账。

2. 存货核算：公司存货包括原材料、库存商品等。均按实际成本核算。存货发出计价采用全月一次加权平均法。

3. 应收账款按照客户设置明细账，应付账款按照供应商设置明细账。

4. 固定资产按照企业会计准则规定，按月提取折旧，当月增加的固定资产，当月不提折旧，从下月起计提折旧；当月减少的固定资产，当月照提折旧，从下月起不提折旧。固定资产采用年限平均法计提折旧。

5. 产品成本、期间费用。

（1）公司的各项费用按经济用途分类，其中直接材料（含燃料及动力费）、直接人工和制造费用计入产品成本，其余计入期间费用。

（2）生产成本明细账按产品设置明细账，成本项目均按"直接材料""直接人工""制造费用"设置。

（3）"制造费用"的明细项目按"职工薪酬、折旧费、水电费、物料消耗、办公费、其他"等项目设置，最后一栏设"合计"。月末按规定进行结转。

（4）"管理费用"明细账按"职工薪酬、办公费、折旧费、修理费、物料消耗、其他"等设置，最后一栏设"合计"。月末按规定进行结转。

（5）"销售费用"明细账按"职工薪酬、折旧费、物料消耗、广告费、其他"等设置，最后一栏设"合计"。月末按规定进行结转。

（6）"财务费用"明细账按"利息、汇兑损益、手续费、其他"等设置，最后一栏设"合计"。月末按规定进行结转。

（7）"税金及附加"明细账按"城建税、教育费附加、其他"等设置，最后一栏设"合计"。月末按规定进行结转。

（8）"主营业务收入""主营业务成本"明细账按产品设置，最后一栏设"合计"。月末按规定进行结转。

（9）月末计算产品成本，所有分配率保留四位小数，计算结果（单位生产成本）保留两位小数，不能整除的分配率，对最后一个部门或产品的费用分配采用倒挤法计算。

6. 产品销售平时只登记"库存商品"明细账数量，采用全月一次加权平均法计算产品销售成本进行结转。

7. 税费：企业在流转环节主要交纳增值税，税率13%，按当月应交增值税和消费税税额的7%、3%计算应交纳的城市维护建设税、教育费附加。税款入库期限为次月15日前。对应交未交的增值税月末应按规定进行结转。所得税适用税率为25%。

8. 损益类账户按照相关规定开设明细账，到月末结转至本年利润。

9. 本月全部业务结束后，进行月末对账，按要求试算平衡表的编制，若有差错，应进行查找、调整，对账确认无误后，再进行月终结账。

10. 年度终了，按规定进行年结。

三、2024 年 11 月 30 日账户期末余额

总账期末余额表
2024 年 11 月 30 日
单位：元

科目名称	借方	贷方
库存现金	8 585.00	
银行存款	92 000.00	
应收账款	29 900.00	
其他应收款	1 500.00	
在途物资	20 100.00	
原材料	51 420.00	
库存商品	46 280.00	
长期股权投资	100 000.00	
固定资产	680 000.00	
累计折旧		177 200.00
生产成本	11 756.00	
制造费用		
短期借款		60 000.00
应付账款		10 200.00
应付职工薪酬		34 200.00
应交税费		7 200.00
其他应付款		480.00
应付股利		

续表

科目名称	借方	贷方
实收资本		450 000.00
资本公积		8 761.00
盈余公积		112 500.00
利润分配（年初）		50 000.00
本年利润		131 000.00
合计	1 041 541.00	1 041 541.00

日记账期末余额表

2024 年 11 月 30 日　　　　　　　　　　　　　　　　　　　　单位：元

日记账科目	方向	金额
库存现金	借方	8 585.00
银行存款	借方	92 000.00

"原材料"明细账期初余额表

2024 年 11 月 30 日　　　　　　　　　　　　　　　　　　　　单位：元

明细科目	单位	数量	单价	金额
精制面粉	千克	36 000	0.98	35 280.00
东北玉米	千克	12 000	0.67	8 040.00
调味包	盒	180	45.00	8 100.00
合计				51 420.00

"库存商品"明细账期初余额表

2024 年 11 月 30 日　　　　　　　　　　　　　　　　　　　　单位：元

明细科目	单位	数量	单价	金额
佳好牌方便面	箱	480	65	31 200.00
快餐营养玉米粉	箱	290	52	15 080.00
合计				46 280.00

"生产成本"明细账期初余额表

2024 年 11 月 30 日　　　　　　　　　　　　　　　　　　　　单位：元

产品名称	直接材料	直接人工	制造费用	合计
佳好牌方便面	5 219.50	2 087.80	722.90	8 030.20
快餐营养玉米粉	2 496.29	1 006.00	223.51	3 725.80

其他明细账期初余额表

2024 年 11 月 30 日　　　　　　　　　　　　　　　　　　单位：元

总账	明细账	余额	
		借方	贷方
应收账款	成都惠邻连锁集团	3 900.00	
	重庆新意公司	24 800.00	
	乐山亦多公司	1 200.00	
其他应收款	赵民	1 500.00	
应付账款	黑龙江科创实业公司		2 900.00
	辽宁农新公司		3 100.00
	四川盛丰公司		4 200.00
应交税费	应交增值税		4 000.00
	应交所得税		3 200.00

【实训任务】

1. 12 月 1 日，从银行取得为期 6 个月的流动资金借款 200 000 元，存入银行。

中国工商银行 借款借据　第一联 借据回单

银行编号：10200010　　借款日期：2024 年 12 月 01 日　　№ 5375

| 借款单位名称 | 成都佳好食品有限公司 | 放款账号 | 6860995845391515 | 利率 | |
| | | 存款账号 | 440586123768 | | |

借款金额(大写)　贰拾万元整　　千百十万千百十元角分
　　　　　　　　　　　　　　　　¥　2 0 0 0 0 0 0 0

| 约定还款日期 | 2025 年 05 月 31 日 | 借款种类 | 流动资金借款 | 借款合同号码 | 95074255 |
| 展期到期日期 | 2024 年 12 月 01 日 | | | | |

借款直接用途：1. 　4. 　2. 　5. 　3. 　6.

还款记录：年 月 日 还款金额 余额

中国工商银行成都市分行佳好分理处　2024.12.01　转讫
（银行转账盖章）

根据签订的借款合同和你单位申请借款用途，经审查同意发放上列金额贷款。

中国工商银行　　　批准人：　　　　　2024 年 12 月 01 日

开户银行：中国工商银行成都市分行佳好分理处

2. 12 月 1 日，采购员王新借支差旅费 5 000 元，网银转账给付。

借 款 单

资金性质 个人借款　　　　　　　　　　　　2024 年 12 月 01 日

借款单位	供应部		
借款理由	外地采购差旅费		
借款数额	人民币（大写）伍仟元整	￥ 5,000.00	
本单位负责人意见	同意	借款人（签章）	王新
领导指示：张鹏	会计主管人员核批：夏雨	付款记录：2024 年 12 月 01 日 以第 7920 号 支票或现金支出凭单付给	

中国工商银行 网银回单　　　　　　　**付款凭证**

日期： 2024 年 12 月 01 日　　　　　回单编号：7920

付款人户名： 成都佳好食品有限公司　　　付款人开户行：中国工商银行成都市分行佳好分理处
付款人账号(卡号)： 440586123768
收款人户名： 王新　　　　　　　　　　收款人开户行：中国工商银行成都市分行佳好分理处
收款人账号(卡号)： 6222002335859213
金额： 人民币 伍仟元整　　　　　　　　小写：¥5,000.00
业务(产品)种类：　　　凭证种类：　　　　凭证号码：000003
摘要： 预借差旅费　　　用途： 差旅费　　　币种： 人民币
交易机构：　　　　记账柜员：　　　交易代码：　　　渠道：
附言： 预借差旅费
支付交易序号：
报文种类：　　　　委托日期：　　　业务种类：

本回单为第 1 次打印，注意重复　　打印日期:2024.12.01　　打印柜员：　　验证码 0118

3. 12月2日，支付前欠辽宁农新公司货款。

付款凭证

中国工商银行 网银回单

日期： 2024 年 12 月 02 日　　回单编号：7009

付款人户名： 成都佳好食品有限公司　　付款人开户行：中国工商银行成都市分行佳好分理处

付款人账号(卡号)： 440586123768

收款人户名： 辽宁农新公司　　收款人开户行：中国工商银行新民四路支行

收款人账号(卡号)： 4736385

金额： 人民币 叁仟壹佰元整　　小写：¥3,100.00

业务(产品)种类：　　凭证种类：　　凭证号码：

摘要： 支付上月货款　　用途： 支付货款　　币种： 人民币

交易机构：　　记账柜员：　　交易代码：　　渠道：

附言：

支付交易序号：

报文种类：　　委托日期：　　业务种类：

本回单为第 1 次打印，注意重复　　打印日期：2024.12.02　　打印柜员：　　验证码：1293

（中国工商银行成都市分行佳好分理处 网银回单专用章）

4. 12 月 3 日，收到上月从黑龙江科创实业公司购入的东北玉米 30 000 千克，已运到并验收入库。每千克买价 0.64 元，计价款 19 200 元，运费 900 元。

收料单

供应单位：黑龙江科创实业公司　　收料单编号：500016

材料类别：原材料　　2024 年 12 月 02 日　　收料仓库：1 号

材料名称	名称	规格	单位	数量		实际成本				
				应收	实收	买价		运杂费	其他	合计
						单价	金额			
000015	东北玉米		kg	30 000	30 000	0.64	19 200.00	900.00		¥20 100.00
	合计			30 000	30 000		19 200.00	900.00		¥20 100.00
	备注									

第三联　记账联

仓库主管：王守义　　记账：　　收料：王守义　　制单：王守义

5. 12 月 3 日，向成都惠邻连锁集团销售方便面 460 箱，每箱售价 150 元，快餐营养玉米粉 280 箱，每箱售价 110 元，共计价款 99 800 元，增值税 12 974 元，货款尚未收到。

电子发票（增值税专用发票）

发票号码：18840334753641581568
开票日期：2024年12月03日

购买方信息		销售方信息	
名称：成都惠邻连锁集团		名称：成都佳好食品有限公司	
统一社会信用代码/纳税人识别号：51010235636542		统一社会信用代码/纳税人识别号：510103862387652	

项目名称	规格型号	单位	数量	单价	金额	税率/征收率	税额
营养玉米粉		箱	280	110	30800.00	13%	4004.00
方便面		箱	460	150	69000.00	13%	8970.00
合 计					¥99800.00		¥12974.00
价税合计（大写）	⊗ 壹拾壹万贰仟柒佰柒拾肆元整			（小写）	¥112774.00		

备注：

开票人：王越

出库单

No.05216055

购货单位：成都惠邻连锁集团　　2024年12月03日

编号	品名	规格	单位	数量	单价	金额	备注
001	方便面		箱	460	150.00	69 000.00	
002	营养玉米粉		箱	280	110.00	30 800.00	
			合计			¥99 800.00	

仓库主管：王守义　　记账：王越　　保管：　　经手人：　　制单：王守义

第一联 存根联

6. 12月6日，从辽宁农新公司购入精制面粉20 000千克，单价0.92元，计价款18 400元，增值税2 392元，对方垫付运费1 308元，委托银行支付有关款项，货尚未运到。

电子发票（增值税专用发票）

发票号码：55162728771211170115
开票日期：2024年12月06日

| 购买方信息 | 名称：成都佳好食品有限公司 统一社会信用代码/纳税人识别号：510103862387652 | 销售方信息 | 名称：辽宁农新公司 统一社会信用代码/纳税人识别号：712345669622674 |

项目名称	规格型号	单位	数量	单价	金额	税率/征收率	税额
精制面粉		kg	20000	0.92	18400.00	13%	2392.00
合 计					¥18400.00		¥2392.00

价税合计（大写）： 贰万零柒佰玖拾贰元整　　　（小写）¥20792.00

备注：

开票人：尹华

电子发票（增值税专用发票）

发票号码：18446411485595981877
开票日期：2024年12月06日

| 购买方信息 | 名称：成都佳好食品有限公司 统一社会信用代码/纳税人识别号：510103862387652 | 销售方信息 | 名称：辽宁君豪物流有限公司 统一社会信用代码/纳税人识别号：7412673892333689 |

项目名称	规格型号	单位	数量	单价	金额	税率/征收率	税额
运费			1	1200	1200.00	9%	108.00
合 计					¥1200.00		¥108.00

价税合计（大写）： 壹仟叁佰零捌元整　　　（小写）¥1308.00

备注：

开票人：王娟

付款凭证

中国工商银行 网银回单

日期：2024 年 12 月 06 日　　回单编号：2624

付款人户名：成都佳好食品有限公司
付款人账号(卡号)：440586123768
付款人开户行：中国工商银行成都市分行佳好分理处
收款人户名：辽宁农新公司
收款人账号(卡号)：4731685
收款人开户行：中国工商银行新民四路支行
金额：人民币 贰万贰仟壹佰元整
小写：¥22,100.00
业务(产品)种类：　　凭证种类：　　凭证号码：
摘要：支付货款及运费　　用途：支付货款及运费　　币种：人民币
交易机构：　　记账柜员：　　交易代码：　　渠道：
附言：
支付交易序号：
报文种类：　　委托日期：　　业务种类：
本回单为第 1 次打印，注意重复　　打印日期：2024.12.06　　打印柜员：　　验证码：0391

7. 12月8日，收到重庆新意公司上月购货欠款 24 800 元，存入银行。

收款凭证

中国工商银行 网银回单

日期：2024 年 12 月 08 日　　回单编号：2952

付款人户名：重庆新意公司
付款人账号(卡号)：105813236
付款人开户行：中国工商银行重庆解放碑支行
收款人户名：成都佳好食品有限公司
收款人账号(卡号)：440586123768
收款人开户行：中国工商银行成都市分行佳好分理处
金额：人民币 贰万肆仟捌佰元整
小写：¥24,800.00
业务(产品)种类：　　凭证种类：　　凭证号码：300145
摘要：货款　　用途：货款　　币种：人民币
交易机构：　　记账柜员：　　交易代码：　　渠道：
附言：
支付交易序号：
报文种类：　　委托日期：　　业务种类：
本回单为第 1 次打印，注意重复　　打印日期：2024.12.08　　打印柜员：　　验证码：8545

8. 12月9日，缴纳上月应交增值税4 000元，所得税3 200元。

电子缴款凭证

打印日期：2024年12月09日　　国 198130771612

纳税人识别号	510103862387652			税务征收机关	成都市武侯区税务局		
纳税人全称	成都佳好食品有限公司			开户银行	中国工商银行成都市分行佳好分理处		
				银行账号	440586123768		
系统税票号	征（费）种	税（品）目	所属时期起	所属时期止	实缴金额	缴款日期	备注
151016161114238174	增值税		2024年11月01日	2024年11月30日	4,000.00	2024年12月09日	
151016161114238235	企业所得税		2024年11月01日	2024年11月30日	3,200.00	2024年12月09日	
金额合计	（大写）柒仟贰佰元整					¥7,200.00	

本缴款凭证仅作为纳税人记账核算凭证使用，电子缴税的需与银行对账单电子划缴记录核对一致方有效。纳税人如需汇总开具正式完税证明，请凭税务登记证或身份证明到主管税务机关开具。

税务机关（电子章）

9. 12月9日，进行上月工资结算，网银支付职工工资33 790元。

工资划款明细表

企业名称：成都佳好食品有限公司　　2024 年 12 月 10 日　　单位：元

工号	账号	姓名	金额
101	6222024402112340001	张江	3,200.00
102	6222024402112340023	王庆阳	2,980.00
103	6222024402112340025	王越	3,450.00
……	……	……	……
……	……	……	……
……	……	……	……
……	……	……	……
……	……	……	……
……	……	……	……
合计			¥33,790.00

会计主管：夏雨　　复核：王越　　制单：王越

中国工商银行 网银回单 — 付款凭证

日期：2024 年 12 月 10 日　　回单编号：5533

付款人户名	成都佳好食品有限公司
付款人账号(卡号)	440586123768
付款人开户行	中国工商银行成都市分行佳好分理处
收款人户名	张江
收款人账号(卡号)	6222024402011234001
收款人开户行	中国工商银行成都市分行佳好分理处
金额	人民币 叁仟贰佰元整
小写	¥3,200.00
摘要	支付工资
用途	支付工资
凭证号码	000269
币种	人民币

打印日期：2024.12.10　　验证码：5832

（员工工资发放银行回单以张江为例，其余员工工资发放银行回单略。）

10. 12月11日，本月3日向成都惠邻连锁集团销售的货物款已收回，存入银行。

中国工商银行 网银回单 — 收款凭证

日期：2024 年 12 月 11 日　　回单编号：9624

付款人户名	成都惠邻连锁集团
付款人账号(卡号)	440587723467
付款人开户行	中国工商银行紫荆支行
收款人户名	成都佳好食品有限公司
收款人账号(卡号)	440586123768
收款人开户行	中国工商银行成都市分行佳好分理处
金额	人民币 壹拾壹万贰仟柒佰柒拾肆元整
小写	¥112,774.00
摘要	货款
用途	货款
凭证号码	000112
币种	人民币

打印日期：2024.12.11　　验证码：0349

11. 12月13日，收到浙江天诚公司投入的投资款100 000元。

中国工商银行 网银回单   收 款 凭 证

日期： 2024 年 12 月 13 日   回单编号：3796

付款人户名： 浙江天诚公司   付款人开户行：中国工商银行杭州市四川路支行
付款人账号(卡号)： 41032357
收款人户名： 成都佳好食品有限公司   收款人开户行：中国工商银行成都市分行佳好分理处
收款人账号(卡号)： 440586123768
金额：人民币 壹拾万元整   小写：¥100,000.00
业务(产品)种类：   凭证种类：   凭证号码：000121
摘要： 投资款   用途： 投资款   币种：人民币
交易机构：   记账柜员：   交易代码：   渠道：
附言：
支付交易序号：
报文种类：   委托日期：   业务种类：

本回单为第 1 次打印，注意重复   打印日期：2024.12.13   打印柜员：   验证码：3596

12. 12 月 14 日，转账支付产品广告费 8 000 元。

中国工商银行 网银回单   付 款 凭 证

日期： 2024 年 12 月 14 日   回单编号：3879

付款人户名： 成都佳好食品有限公司   付款人开户行：中国工商银行成都市分行佳好分理处
付款人账号(卡号)： 440586123768
收款人户名： 成都锦江经济电视台   收款人开户行：中国农业银行成都金桥路支行
收款人账号(卡号)： 20025876
金额：人民币 捌仟元整   小写：¥8,000.00
业务(产品)种类：   凭证种类：   凭证号码：000135
摘要： 支付广告费   用途： 广告费   币种：人民币
交易机构：   记账柜员：   交易代码：   渠道：
附言：
支付交易序号：
报文种类：   委托日期：   业务种类：

本回单为第 1 次打印，注意重复   打印日期：2024.12.14   打印柜员：   验证码：6910

电子发票（增值税专用发票）

发票号码：57903212314670038608
开票日期：2024年12月14日

购买方信息	名称：成都佳好食品有限公司 统一社会信用代码/纳税人识别号：510103862387652
销售方信息	名称：成都锦江经济电视台 统一社会信用代码/纳税人识别号：510103862387652

项目名称	规格型号	单位	数量	单价	金额	税率/征收率	税额
电视广告费			1	7547.17	7547.17	6%	452.83
合 计					¥7547.17		¥452.83

价税合计（大写）：⊗ 捌仟元整　　　（小写）¥8000.00

备注：

开票人：刘禹含

---

13. 12月15日，本月6日从辽宁农新公司购入精制面粉已运到并如数验收入库。

收 料 单

供应单位：辽宁农新公司　　　　　　　　　　　　收料单编号：000016
材料类别：原材料　　　　　2024 年 12 月 15 日　　收料仓库：2号

材料编号	名称	规格	单位	数量		买价		实际成本			第三联 记账联
				应收	实收	单价	金额	运杂费	其他	合计	
000003	精制面粉		kg	20000	20000	0.92	18,400.00	1,200.00		¥19,600.00	
合 计				20000	20000		18,400.00	1,200.00		¥19,600.00	
备 注											

仓库主管：王守义　　　记账：　　　　收料：王守义　　　制单：王守义

---

14. 12月16日，收到黑龙江科创实业公司发来的东北玉米25 000千克，每千克买价0.6325元，计价款15 812.50元，增值税1 837.88元；精制面粉15 000千克，单价0.9425元，计价款14 137.50元，增值税2 055.63元，对方垫付运费1 499.99元。

电子发票（增值税专用发票）

发票号码：30872127600309457142
开票日期：2024年12月16日

购买方信息	销售方信息
名称：成都佳好食品有限公司 统一社会信用代码/纳税人识别号：510103862387652	名称：黑龙江科创实业公司 统一社会信用代码/纳税人识别号：740012004356123

项目名称	规格型号	单位	数量	单价	金额	税率/征收率	税额
精制面粉		kg	15000	0.9425	14137.50	13%	1837.88
东北玉米		kg	25000	0.6325	15812.50	13%	2055.63
合　　计					¥29950.00		¥3893.50

价税合计（大写）　⊗ 叁万叁仟捌佰肆拾叁元伍角整　（小写）¥33843.50

备注：

开票人：刘汉汉

电子发票（增值税专用发票）

发票号码：72744020447815895408
开票日期：2024年12月16日

购买方信息	销售方信息
名称：成都佳好食品有限公司 统一社会信用代码/纳税人识别号：510103862387652	名称：黑龙江大地物流公司 统一社会信用代码/纳税人识别号：7400120034892571

项目名称	规格型号	单位	数量	单价	金额	税率/征收率	税额
运费			1	1376.14	1376.14	9%	123.85
合　　计					¥1376.14		¥123.85

价税合计（大写）　⊗ 壹仟肆佰玖拾玖元玖角玖分　（小写）¥1499.99

备注：

开票人：兰田

收 料 单

供应单位：黑龙江科创实业公司　　　　　　　　　　　　　　　　　收料单编号：000017
材料类别：原材料　　　　　　　　　2024 年 12 月 16 日　　　　　　收料仓库：2号

材料编号	名称	规格	单位	数量		实际成本					第三联 记账联
				应收	实收	买价		运杂费	其他	合计	
						单价	金额				
000003	精制面粉		kg	15000	15000	0.94	14,137.50	516.00		¥14,653.50	
000015	东北玉米		kg	25000	25000	0.63	15,812.50	860.14		¥16,672.64	
	合　　计			40000	40000		29,950.00	1,376.14		¥31,326.14	
	备　　注										

仓库主管：王守义　　　　　　记账：　　　　　　收料：王守义　　　　　　制单：王守义

15. 12月22日，计提本月份短期借款利息160元。

银行借款利息计算表
2024 年 12 月 22 日

借款名称	借款金额	计息月份	借款利率	借款利息
短期借款	60,000.00	2024年12月	2.667‰	160.00
	合　　计			160.00

会计主管：夏雨　　　　　　制单：王越　　　　　　复核：夏雨

16. 12月31日，本月设备提取折旧4 200元，其中：车间3 000元，公司本部1 200元。

固定资产折旧计算表（2024年12月）

部门	应借科目	累计折旧
生产部门	制造费用	3,000.00
管理部门	管理费用	1,200.00

17. 12月25日，开出转账支票支付本月水费，其中：生产车间制造产品方便面用738元，制造产品营养玉米粉用336元，车间一般消耗217元，公司管理部门消耗312元；增值税149.04元。

电子发票（增值税专用发票）

发票号码：80230237009534810315
开票日期：2024年12月25日

购买方信息	名称：成都佳好食品有限公司 统一社会信用代码/纳税人识别号：510103862387652	销售方信息	名称：成都市自来水公司 统一社会信用代码/纳税人识别号：51072345711241

项目名称	规格型号	单位	数量	单价	金额	税率/征收率	税额
自来水		立方	276	6	1656.00	9%	149.04

合 计					¥1656.00		¥149.04

价税合计（大写）： ⊗ 壹仟捌佰零伍元零肆分　　（小写） ¥1805.04

备注：

开票人：白一同

中国工商银行 网银回单　　付款凭证

日期：2024 年 12 月 25 日　　回单编号：0469

付款人户名： 成都佳好食品有限公司　　　付款人开户行：中国工商银行成都市分行佳好分理处
付款人账号(卡号)： 440586123768
收款人户名： 成都市自来水公司　　　　　收款人开户行：中国工商银行成都市东风路支行
收款人账号(卡号)： 100225897
金额：人民币 壹仟捌佰零伍元零肆分　　　小写：¥1,805.04

业务(产品)种类：　　　　凭证种类：　　　　凭证号码：000218
摘要： 支付水费　　　　用途： 水费　　　　币种： 人民币
交易机构：　　　　记账柜员：　　　　交易代码：　　　　渠道：
附言：
支付交易序号：
报文种类：　　　　委托日期：　　　　业务种类：

本回单为第 1 次打印，注意重复　　打印日期：2024.12.25　　打印柜员：专用章 验证码3698

外购水费分配表

企业名称：成都佳好食品有限公司　　　2024 年 12 月 25 日　　　单位：元

项　目	耗用量	单价	分摊金额
生产车间制造产品——方便面	123	6.00	738.00
生产车间制造产品——营养玉米粉	56	6.00	336.00
生产车间一般耗用	45	6.00	270.00
管理部门耗用	52	6.00	312.00
合　计	276	¥24.00	¥1,656.00

会计主管：夏雨　　　复核：王越　　　制单：王越

18. 12 月 30 日，分配本月工资（工资分配表）：生产工人工资 27 600 元（按两种产品生产工时比例分配：佳好牌方便面 1 400 工时，快餐营养玉米粉 600 工时），车间管理人员 1 200 元，企业管理人员 5 400 元。

成都佳好食品有限公司工资结算汇总表

2024年12月31日

部门	职工类别	基本工资	津贴			缺勤应扣		应付工资	代扣款项	实发金额
			职务	岗位	其他	事假	迟到早退			
基本生产车间	生产工人	26400.00		1200.00				27600.00		27600.00
	管理人员	1200.00						1200.00		1200.00
管理部门	管理人员	5400.00						5400.00		5400.00
	合　计	33000.00		1200.00				34200.00		34200.00

工资费用分配表

2024 年 12 月 31 日

应借账户	成本项目	应付工资	分配标准（工时）	分配率	分配金额
生产成本	方便面		1400		
生产成本	快餐营养玉米粉		600		
制造费用					
管理费用					
合　计					

审核：　　　制表：

19. 12月18日，生产车间领用原材料如下：

产品名称	用途	材料名称	数量	单位成本	金额
佳好牌方便面	生产用	精制面粉	33 000	0.98	32 340.00
	生产用	调味包	350	45.00	15 750.00
快餐营养玉米粉	生产用	东北玉米	34 000	0.67	22 780.00

领 料 单

领料部门：基本生产车间
用　途：生产领料　　　2024 年 12 月 31 日　　　编号：097

材料编号	材料名称	规格	计量单位	数量 请领	数量 实发	成本 单价	成本 金额
	精制面粉		kg	33000	33000	0.98	32,340.00
	调味包		盒	350	350	45.00	15,750.00
	东北玉米		kg	34000	34000	0.67	22,780.00
合　计				67350	67350		¥70,870.00

主管：王伟　　记账：　　仓管主管：　　领料：罗大千　　发料：王守义

20. 12月31日，结转分配本月制造费用（按两种产品生产工时比例分配）。

制造费用分配表

车间：基本生产车间　　　2024 年 12 月 31 日

产品名称	分配标准（工时）	分配总额	分配率	分配金额
方便面	1400			
快餐营养玉米粉	600			
合计	2000			

制表：李明　　　　　　　　　　　　　　审核：王田

21. 12月31日，计算并结转本月完工产品生产成本，佳好牌方便面完工1 260箱，快餐营养玉米粉完工720箱，两种产品期末均无在产品。

完工产品成本汇总表

2024 年 12 月 31 日　　　附单据　1　张

产品名称		方便面	快餐营养玉米粉	合　计
产量（箱）		1260	720	1980
成本项目	直接材料			
	直接人工			
	制造费用			
合　计				
单位成本				

审核：江月　　　　　　　　　制表：李婷

产成品入库单

交库单位：基本生产车间　　2024 年 12 月 31 日　　仓库：产成品仓库　编号：029

产品编号	产品名称	规格	计量单位	数量 送检	数量 实收	单位成本	总成本	备注
	方便面		箱	1260	1260			
	营养玉米粉		箱	720	720			

仓库主管：王建　　保管员：　　　记账：　　　制单：

22. 12 月 31 日，计算并结转本月已销产品销售成本（按平均单位成本结转）。

产品销售成本计算表

2024年12月

产品名称	期初结存 数量	期初结存 单位成本	期初结存 金额	本月完工 数量	本月完工 单位成本	本月完工 金额	本期销售 数量	本期销售 单位成本	本期销售 金额
佳好牌方便面	480	65.00	31200.00	1260					
快餐营养玉米粉	290	52.00	15080.00	720					
合　计	×	×	46280.00	×	×		×	×	

注：销售单位成本用平均单位成本计算。

23. 计算本月相关税费（详见原始凭证）。

税金及附加计算表

2024 年 12 月 31 日　　　　　　　　　　　单位：元

项目	计提基数			计提比例（%）	计提金额
	增值税	消费税	合计		
城市维护建设税				7	
教育费附加				3	
地方教育费附加				1	

审核：李佳　　　　　　　　　　　　　　制表：王芳

24. 12 月 31 日，结转本月所有损益类账户。

损益类账户累计发生额

账户名称	借方发生额	账户名称	贷方发生额

25. 12月31日，计算并结转本月应交所得税（假设全年无调整项目，1—11月的所得税已经全部交纳）。

应交所得税计算表
2024 年 12 月 31 日　　　　　　　　　　　　　　　　　　　　　　　单位：元

项目	本期利润总额	所得税率	本期应交所得税
金额			

审核：　　　　　　　　　　　　　　制单：

26. 12月31日，进行利润分配：按全年实现净利润的10%提取法定盈余公积，按全年可供分配利润的40%向投资者分配股利；分配后进行年末结转。

成都佳好食品有限公司利润分配计算表
2024 年 12 月 31 日

项目名称	金额（元）
本年利润总额	
减：所得税	
全年实现净利润	
加：年初未分配利润	
可供分配的利润	
分配利润：	
其中：提取法定盈余公积（全年实现净利润的10%）	
向投资者分配股利（全年可供分配利润的40%）	

四、试算平衡表

试算平衡表

编制单位:成都佳好食品有限公司　　　2024 年 12 月 31 日　　　　　　　　　　单位:元

账户名称	期初余额		本期发生额		期末余额	
	借方	贷方	借方	贷方	借方	贷方

续表

账户名称	期初余额		本期发生额		期末余额	
	借方	贷方	借方	贷方	借方	贷方
合计						

试算平衡表

编制单位：成都佳好食品有限公司　　　　2024年12月31日　　　　单位：元

账户名称	期初余额		本期发生额		期末余额	
	借方	贷方	借方	贷方	借方	贷方

续表

账户名称	期初余额		本期发生额		期末余额	
	借方	贷方	借方	贷方	借方	贷方
合计						

"原材料"明细分类账户本期发生额及余额表

明细分类账户	期初余额		本期发生额		期末余额	
	借方	贷方	借方	贷方	借方	贷方
合计						

"库存商品"明细分类账户本期发生额及余额表

明细分类账户	期初余额		本期发生额		期末余额	
	借方	贷方	借方	贷方	借方	贷方
合计						

"应收账款"明细分类账户本期发生额及余额表

明细分类账户	期初余额		本期发生额		期末余额	
	借方	贷方	借方	贷方	借方	贷方
合计						

"应付账款"明细分类账户本期发生额及余额表

明细分类账户	期初余额		本期发生额		期末余额	
	借方	贷方	借方	贷方	借方	贷方
合计						

五、会计报表

资产负债表

编制单位：　　　　　　　　　　　　年　月　日　　　　　　　　　　　　单位：元

资产	年初数	期末数	负债和所有者权益	年初数	期末数
流动资产：			流动负债：		
货币资金			短期借款		
交易性金融资产			交易性金融负债		
衍生金融资产			衍生金融负债		
应收票据			应付票据		
应收账款			应付账款		
预付款项			预收款项		
其他应收款			合同负债		
存货			应付职工薪酬		
合同资产			应交税费		
持有待售资产			其他应付款		
一年内到期的非流动资产			持有待售负债		
其他流动资产			一年内到期的非流动负债		
流动资产合计			其他流动负债		
非流动资产：			流动负债合计		

续表

资产	年初数	期末数	负债和所有者权益	年初数	期末数
债权投资			非流动负债：		
其他债权投资			长期借款		
长期应收款			应付债券		
长期股权投资			其中：优先股		
其他权益工具投资			永续股		
其他非流动金融资产			长期应付款		
投资性房地产			预计负债		
固定资产			递延收益		
在建工程			递延所得税负债		
生产性生物资产			其他非流动负债		
油气资产			非流动负债合计		
无形资产			负债合计		
开发支出			所有者权益（或股东权益）：		
商誉			实收资本（或股本）		
长期待摊费用			其他权益工具		
递延所得税资产			其中：优先股		
其他非流动资产			永续股		
非流动资产合计			资本公积		
			减：库存股		
			其他综合收益		
			盈余公积		
			未分配利润		
			所有者权益合计		
资产总计			负债和所有者权益总计		

利润表

编制单位：　　　　　　　　　　　　　年　月　　　　　　　　　　　　　单位：元

项目	本期金额	上期金额
一、营业收入		
减：营业成本		
税金及附加		
销售费用		
管理费用		
研发费用		
财务费用		
加：投资收益（损失以"－"号填列）		
公允价值变动收益（损失以"－"号填列）		
资产减值损失（损失以"－"号填列）		
二、营业利润（亏损以"－"号填列）		
加：营业外收入		
减：营业外支出		
三、利润总额（亏损总额以"－"号填列）		
减：所得税费用		
四、净利润（净亏损以"－"号填列）		
五、其他综合收益的税后净额		
（一）以后不能重分类进损益的其他综合收益		
1. 重新计量设定受益计划净负债或净资产的变动		
2. 权益法下在被投资单位不能重分类进损益的其他综合收益中享有的份额		
（二）以后将重分类进损益的其他综合收益		
1. 权益法下在被投资单位以后将重分类进损益的其他综合收益中享有的份额		
2. 可供出售金融资产公允价值变动损益		
3. 持有至到期投资重分类为可供出售金融资产损益		
4. 现金流经套期损益的有效部分		
5. 外币财务报表折算差额		
……		
六、综合收益总额		
七、每股收益：		
（一）基本每股收益		
（二）稀释每股收益		

六、科目汇总表

科目汇总表

单位：　　　　　　　　　　　　　　　年　月　日

会计科目	借方金额	√	贷方金额	√
合计				

科目汇总表

单位：　　　　　　　　　　　　　　　年　月　日

会计科目	借方金额	√	贷方金额	√
合计				

科目汇总表

单位：　　　　　　　　　　　　　　年　月　日

会计科目	借方金额	√	贷方金额	√
合计				

科目汇总表

单位：　　　　　　　　　　　　　　　年　月　日

会计科目	借方金额	√	贷方金额	√
合计